우리는
모두
자살
사별자
입니다

고선규 지음

우리는
모두

자살
사별자
입니다

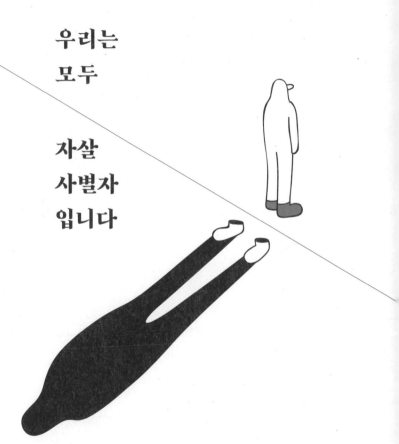

창비
Changbi Publishers

차
례

내담자에게
보내는
편지

그의 흔적을 함께 걷다

2018년 10월, 한 청년이 스스로 목숨을 끊었다. 넋이 나간 부모님을 대신해 고작 몇살 터울의 누나가 장례 절차를 도맡았다. 사진첩을 뒤적이며 영정 사진을 골랐고, 조문객 식사를 몇인분 주문할지 결정했으며, 모든 장례비를 치렀다. 장례식장에 온 친척이 '그애는 누구 때문에 죽었다'라며 동생이 죽은 이유를 단정지어 다른 조문객에게 말하는 것을 보고 화가 치민 누나는 고래고래 소리를 질렀다.

"당신이 뭘 알아!"

- 저자가 내담자와의 상담을 정리하며 쓴 글로, 심리학 웹진 『내 삶의 심리학 마인드』에 수록된 내용을 옮깁니다.

그때까지 동생이 어떻게 죽었는지 듣지 못했고 부모님께 차마 물어볼 수도 없었다. 사람들은 이 죽음을 두고 납득할 수 있는 설명을 듣길 원했지만 동생의 죽음에 대해 알 수 있는 것은 아무것도 없었다.

가족 납골당 맨 아랫줄에 동생을 안치했다. 순서를 따지자면 동생은 그곳에 가기엔 한참 이른 나이였다. 입관식에서 시신을 처음 보았다. 시신은 깨끗했고 동생의 표정은 편안해 보였지만 무섭기도 했다. 장례지도사가 동생에게 하고 싶은 마지막 말을 하라고 했다. 무슨 말을 했어야 할까. 관 뚜껑이 닫히고 번쩍거리는 리무진에 실려 서울추모공원에 도착했다. 집이랑 가까운 곳에 이런 곳이 있었구나. 죽음을 맞은 수많은 육체가 불살라지는 곳.

동생의 관은 통째로 화장터에 들어갔다. 그 앞에서 엄마는 다시 실신했고 누나는 그 모습을 지켜보았다. 유족 대기실에서는 동생의 몸이 사라지는 상황이 실시간으로 중계되었다. '이름 ○○○ / 화로 ○번 / 진행률 ○○%'

약 두어시간이 흐른 후 완료 표시가 떴고 안내에 따라 수골실로 내려갔다. 담당자가 몇개의 뼛조각을 가족들에게 보여주었고 확인된 뼛조각은 가루가 되어 유골함에 담겨 나왔다. 그 유골함이 참 따뜻했다고, 나의 내담자는 말했다.

2018년 12월, 그 누나가 자기 몸보다 훨씬 큰 검정색 롱패딩에 싸여 상담실로 들어왔다. 동생이 생전 사람들과 주고받았던 채팅과 이메일을 밤늦게까지 살펴본다고 했다. 동생이 왜 죽었는지 알고 싶다고, 알아내야 한다고 했다.

"동생의 죽음을 해석해야 해요."

그의 동생이 가고 우리는 첫해를 함께 보냈다. 동생의 죽음을 시작으로 그의 삶에 대한 여러 이야기를 나누었다. 결말을 아는 동생의 시간들을 함께 되짚고 함께 걸으며 슬픔의 시간들을 함께 했다.

그의 엄마는 매일 딸에게 왜 자신이 살아야 하는지 물었고, 한동안은 딸이 곁에 있어야만 잠을 잘 수 있었다. 아빠는 말을 잃었다. 동생은 죽었지만 가족들의 삶 속에서 살아 있었고, 나의 내담자는 누가 죽었고 누가 살아 있는 건지 헷갈린다고 했다. 우리는 동생의 죽음으로 이야기를 시작해 그의 삶을 회고했다.

한해가 다 지나서야 동생이 떠났던 그날에 멈춰 있던 동생의 방을 정리했다. 내담자는 이제 드디어 동생을 괴롭히던 병으로부터 동생을 해방해준 것 같은 느낌이 든다고 했다. 여전히 그의 엄마는 '내가 왜 살아야 하느냐'라고 묻지만 엄마의 고통을 대신 짊

어질 수 없다는 것을 잘 알고 있다고 했다. 그렇게 1년의 시간이 흘렀다. 10월이 되고 같은 계절이 다가오자 내담자는 다시 힘들어했다.

"괜찮을 거라고 생각했는데 숨쉬기가 힘들어요, 선생님."

기일을 함께 추모하기 위해 서울추모공원에서 만났다. 그곳에서의 시간은 내담자에게 무섭고 기괴하고 공포스러운 기억으로 남아 있다. 그곳에서 있었던 일들을 떠올리며 그날의 일을 순서대로 다시 되짚었다. 동생이 꿈에 나타났다고 했다. 자기는 괜찮다며, 그래도 누나에게 고마운 일이 많았다고 했다며 내담자는 많이 울었다.

그의 동생이 가고 우리는 첫해를 이렇게 함께 보냈다. 내년 10월이 되면 그는 또다시 흔들리겠지만 많이 아파하지 않기를 바란다. 한번도 본 적 없지만 이름만은 참 많이 불러보았던 당신도, 그곳에서 영원한 안식을 얻길 바란다.

　'자살 사별'을 주제로 강연해달라는 요청을 받았을 때 '자살 사별자라는 존재에 사람들이 드디어 관심을 갖기 시작하는구나' 하고 반가운 마음이 드는 동시에 한편으로는 그런 관심이 생길 수밖에 없는 상황이 안타깝기도 했습니다. 또 사별자 각각이 느끼는 서로 다른 이 고유한 경험을 어떻게 대중에게 설명할 수 있을까 하는 두려운 마음이 들었습니다. 그러던 와중에 강연 제목이 '우리는 모두 자살 사별자입니다'라고 정해졌다고 지인에게 이야기했더니 어두운 표정으로 "그냥 '우리는 사별자입니다'라고 하면 안 돼?"라면서, "부담스러워서 강연을 듣고 싶은 마음이 들진 않을 것 같아"라는 반응을 보여 제 복잡한 마음에 무게가 더해

졌습니다.

우리 모두 잘 알고 있듯 우리 사회에서 흔한 죽음의 방식 중 하나가 바로 자살입니다. 경제협력개발기구^{OECD} 회원국 중 우리나라의 자살률이 몇위라는 통계치까지 참고하지 않아도 우리나라 사람들이 다른 나라 사람들에 비해 스스로 목숨을 끊는 비율이 압도적으로 높다는 사실은 널리 알려져 있고, 이제 우리는 그 사실에 별로 놀라지도 않는 것 같습니다.

예전에 함께 일했던 보건복지부 소속 공무원이 이런 이야기를 한 적이 있습니다. 어린이집에서 어떤 사망 사건이 발생하면 관련 부처로 전화가 엄청나게 온다고 합니다. 관리·감독을 어떻게 했느냐, 대책이 있느냐, 그런 항의성 전화들 말이죠. 그런데 매일 수십명이 스스로 목숨을 끊는 상황에 대해서는 대책을 마련하라는 전화가 오지 않는다고 해요. 숫자로 잡히는 자살 사망자는 정말 많지만 그들이 왜 그렇게 스스로 목숨을 끊을 수밖에 없었는지를 설명해줄 수 있는 사람은 적습니다. 사별자들은 가까운 이의 죽음을 막지 못했던 자신을 원망하고 미워하느라 어딘가에 호소할 생각을 하지 못합니다.

자살은 너무도 사적인 문제로 여겨지곤 합니다. 운전을 하다 보면 '사망사고 다발 지역'이라는 경고판이 붙은 도로를 지날 때가 있습니다. 그런 표지를 보면 우리는 운전대를 다잡으면서 경계하게 됩니다. 우리나라의 자살률만 두고 본다면 대한민국 전체가 '자살 사망사고 다발 지역'이나 다름없는데, 이를 알리는 경고판을 어디에 어떻게 세워야 할까요? 그저 개인이 알아서 처리하고 감당할 문제로 취급하고 넘어가도 되는 일일까요? 저는 그 답을 자살 사별자의 이야기에서 찾을 수 있다고 생각합니다. 그런데 수많은 자살 사별자들은 모두 어디에 있는 걸까요?

저는 국내에서는 아직 조금 생소한 '애도상담'을 하고 있습니다. 여러가지 심리적 어려움 중 왜 하필 애도상담을, 그것도 자살 사별자를 위한 애도상담을 하는지 궁금해하는 분도 있을 것 같습니다. 아버지를 자살로 잃은 후 자살을 설명하는 이론을 만들고 관련 연구에 헌신하고 있는 미국의 심리학자 토머스 조이너^{Thomas Joiner}나 자식을 잃고 아내와 자조모임을 운영하면서 자살 사별자에 대한 여러 연구를 발표하고 있는 미국의 사회학자 윌리엄 피겔먼^{William Feigelman}처럼 이 분야에 관심을 가질 수밖에 없는 어떤 개인적 경험이 있지 않을까 생각할 수도 있겠네요.

하지만 저에게는 이런 분들처럼 자살이라는 주제에 뛰어들게 된 결정적인 경험은 없습니다. 친하지 않았던 지인, 수십년 동안 한번 만날까 말까 한 먼 친척이 스스로 목숨을 끊었다는 소식을 듣는 정도의, 우리나라 인구 대부분이 겪었을 법한 경험밖에 없는 정신건강 전문가일 뿐입니다. 오히려 저는 이 분야와 '일로 만난 사이'라고 하는 편이 맞겠습니다. 2014년, 우리나라에 처음 도입된 '심리부검 면담'을 맡게 되면서 자살 사별자를 처음 만났습니다. 제가 연구했던 분야가 아니라 주저하고 있던 저에게 저를 채용하고자 했던 공무원이 해준 말이 떠오릅니다. "선생님, 이 분야에 진짜 아무도 없습니다. 선생님이 하시면 선생님이 전문가가 됩니다." 유달리 성취 지향적이었던 저는 심리부검 면담을 심리학자로서 도전하고 개척해야 하는 어떤 새로운 분야라고 생각하고 다소 무모하게 뛰어들었습니다.

심리부검 면담이라는 것을 처음 들어보는 분도 많을 것 같습니다. 자살 사망자를 대상으로 진행하는 심리부검psychological autopsy이란 사망 전 일정 기간 동안 고인이 보였던 다양한 심리행동 변화와 죽음 직전에 겪었던 여러가지 생활 사건들을 최대한 자세히 탐색해보는 절차를 말합니다. 그러기 위해선 고인의 생전 모습을 가장 잘 알고 있는 사람들과 면담을 하거나 고인이 생전에 남긴 기록들, 예를 들면 의무醫務기록이나 이메일, SNS 활동 내역, 즐겨 읽었던 책 목록이나 영화 등을 토대로 자살의 원인을 '추정'합니다.[•] 제가 심리부검 면담에서 '추정'을 강조하는 이유는 아무리 많은 자료를 심층적으로 분석하더라도 결국 스스로 목숨을 끊은 이유는 당사자 외에는 아무도 알 수 없기 때문입니다. 그럼에도 남겨진 사람들이 할 수 있고 해야 하는 일은 고인이 사망에 이르기까지 영향을 미친 여러가지 가능성을 확인하고, 그것이 혹여 심리적 위기에 처한 다른 사람들에게 자살을 선택하는 또다른 요인으로 작용하지 않도록 적절한 예방책을 마련하는 것입니다.

이렇게 저는 자살자의 사망원인을 분석해서 이 자료를 근거로 제대로 된 국가 차원의 자살예방정책을 마련하고자 시작된 심리부검 사업단에서 일하면서 전국의 수많은 자살 유가족을 만났습니다. 그리고 그분들을 통해 지금은 이 세상에 존재하지 않는 사람들의 생전 이야기를 들었습니다. 사랑했던 가족이 비극적인 결말을 맞이한 자리에서 혼란스럽게 자신의 삶을 이어나가야 하는 사별자들의 고통을 보았습니다.

- 건강보험기록, 의무기록, 이메일, SNS 활동 내역 등은 심리부검 면담에 있어서 중요한 기록물이지만 우리나라는 개인정보보호법에 의거해 제삼자의 열람이 어렵다. 따라서 현재 국가 수준에서 진행하는 심리부검 면담은 직계 유가족의 진술에만 의존하는 경우가 많고 각종 개인 기록물에 대한 심층 조사는 포함되지 않는다.

심리부검 면담은 유가족을 보살피기보다는 고인에 대한 정보를 제한된 시간 내에 정확하게, 가급적 많이 습득하는 것이 목적입니다. 그렇기 때문에 유가족들이 무척 힘들고 어렵게 이야기를 꺼내놓아도, 그 죽음으로 인해 완전히 변해버린 유가족들의 삶과 새로운 삶에 수반되는 아픔을 더 들을 수 없다는 점이 늘 안타까웠습니다. 어떤 사람의 인생을 3시간이라는 짧은 면담 한번으로 얼마나 충분히 전달할 수 있을까요? 물론 심리부검 면담은 정해진 절차에 따라 질문할 경우 연구자가 원하는 만큼의 정보를 얻을 수 있도록 설계되었고 그 제작에 저도 참여했지만, 실제 유가족을 만나면 연구자로서의 마음보다는 타인의 고통에 민감하게 반응할 수밖에 없는 상담가나 치료자의 마음이 앞서는 경험을 했습니다. 유가족들은 왜 심리부검 면담에 참여하고자 했을까, 내가 유가족이라면 참여했을까, 참여하고 싶지 않다면 어떤 마음 때문일까…

여러가지 이유로 3년간의 심리부검 면담 업무를 종료한 이후 좀더 본격적으로 자살과 자살 사별자에 대해 공부하기 시작했습니다. 관련된 책과 연구를 닥치는 대로 파고들었고, 죽음과 상실과 애도와 관련된 소설, 영화, 드라마, 예술작품도 열심히 찾아보면서 심리부검 면담에서 만났던 유가족들의 이야기를 되새겨

보기도 했습니다. 실제로 상실, 사별, 애도라는 주제는 그동안 정신건강 영역에서 연구나 치료의 대상이 되지 않았습니다. 우리는 모두 누군가를 죽음으로 잃을 것이 자명하고, 사별의 아픔은 일정 기간이 지나면 회복된다고 생각했기 때문이죠.

그러나 알아두어야 할 점이 있습니다. 자연스럽게 회복되기 어려울 정도로 아픈 사별도 있다는 것, 특히 자살이나 재난이나 사고와 같이 예측하지 못했고 갑작스럽게 맞닥뜨린 죽음일수록 더욱 그러하다는 것, 그리고 어떤 사람들은 사별의 순간에 멈춰버린 시간 속에서 남은 인생을 산다는 것, 평범한 일상을 살아가다가도 불쑥불쑥 떠나간 사람이 지독히도 아프게 떠오른다는 것을 말이에요.

2018년 중앙심리부검센터 면담 결과 보고서에 따르면 유족 면담에 참여한 자살 유족의 71.9퍼센트가 내 가족이, 내 친구가 스스로 목숨을 끊었다는 사실을 주변에 털어놓지 못했다고 합니다. 왜 다른 죽음과 달리 자살은 주변 사람들한테 이야기하는 게 힘들까요? 우리는 자살에 대해, 자살자에 대해, 자살 사별자에 대해 어떤 생각을 하고 있나요? 여러분은 어떤 생각을 품고 있었나요?

남편을 자살로 잃은 아내분이 있었습니다. 애도상담 초반에는 남편이 언제 어떻게 돌아가셨는지 사망 경위를 굉장히 상세하게 물어봐야만 합니다. 따라서 '자살'이라든지 '스스로 목숨을 끊었다' 같은 표현을 자주 쓸 수밖에 없어요. 그런데 그분은 그런 표현이 나올 때마다 "선생님, 제발 그런 표현은 쓰지 않으면 안 되나요? 그 말을 들을 때마다 가슴이 철렁 내려앉아요. 너무 듣기 싫어요"라고 말씀하셨습니다. 안타깝게도 자살이 비일비재하게 일어나는 '흔한' 죽음의 방식임에도 불구하고 우리는 여전히 자살이라는 단어를 입 밖에 내뱉는 것, 누군가를 자살로 잃었다고 이야기하는 것을 두려워합니다.

상담실에 찾아온 분들에게 저는 이런 질문을 합니다. "이 일이 있기 전에 자살에 대해, 자살자에 대해 어떤 생각을 가지고 계셨나요?" 대부분은 별로 생각해본 적이 없다, 그저 남의 일인 줄만 알았다며, 자살자에게는 '죽을 만한 어떤 분명한 이유'가 있으리라 생각했다고 합니다. 우울증이나 가정불화, 부채 같은 명확한 이유가 있으리라 생각했는데, 막상 자신에게 닥친 죽음 앞에서는 그렇게 단순히 가정했던 이유 외에도 이전에는 미처 생각하지 못했던 수많은 이유들이 떠오른다고 합니다. 실제로 지난 50년간 자살 관련 연구 365건에서 사용된 자살 관련 위험 요인 3,428개의 예측력을 분석한 결과, 어떤 요인도 우연보다 유의미하게 높은 수준의 예측력을 보이지 않았다고 합니다.[*] 자살에 이르는 경로는 개인마다 다르기 때문에 누가 어떤 상황에서 자살할 것인지를 정확하게 예측해 예방하기란 거의 불가능에 가깝습니다.

오래전 지역 정신건강복지센터에서 개최한 심포지엄에서 겪은 일도 떠오릅니다. 자살 유가족이 실제 자살 사별 경험이 없는 사람에 비해 자살 위험도가 높다는 연구 결과를 발표한 발표자에게 객석에 있던 한 유가족 당사자가 항변했습니다. "당신네들의 그런 말 때문에 우리가 얼마나 고통받고 있는지 알고 있습니까? 우리를 모두 잠재적 자살자로 몰아가지 마세요. 우리는 열심히 살아보려고 하는데 자꾸 그런 말을 들으면 화가 납니다!"라고 했죠. 발표자가 '그렇게 말씀하신다고 해도 연구 결과가 바뀌는 것은 아니다'라고 대답하며 상황이 마무리되었습니다. 그 당시 저는 그저 연구 결과를 저렇게 예민하게 받아들이면 어떡하나 하는 정도로만 생각했지, 왜 그 말이 그분에게 그토록 아프게 다가갔는지 충분히 헤아리지 못했습니다.

한번은 자살로 형제를 잃은 한 청소년이 어쩔 수 없이 듣게 된 자살예방교육 시간에 안절부절못했던 경험을 토로하며 제 앞에서 서럽게 운 적이 있습니다. "자꾸 자살하는 사람들은 경고신

● J. C. Franklin, J. D. Ribeiro, K. R. Fox, K. H. Bentley, E. M. Kleiman, X. Huang, K. M. Musacchio, A. C. Jaroszewski, B. P. Chang & M. K. Nock, "Risk factors for suicidal thoughts and behaviors: A meta-analysis of 50 years of research," *Psychological Bulletin*, 143(2), 2017, 187~232면.

호를 다 보냈대요. 신호를 보냈는데 우리가 몰랐던 거래요. 정말 그거 만든 사람들은 이런 경험이 없었나봐요. 정말 없었어요. 아무것도 없었단 말이에요." 자살 경고신호 목록은 여러 연구를 통해 만들어진 것입니다만, 모든 자살에 해당되는 것은 결코 아닙니다.

이렇게 사별자들은 각기 다른 경험을 하기 때문에 제가 '자살 사별자들이 특정한 경험을 이런 식으로 받아들이니 주변 사람들은 이렇게 도와주십시오'라고 뭉뚱그려 설명하는 것이 어떤 사별자에게는 전혀 해당되지 않는 일이라 오히려 소외감을 느끼게 만들고 상처를 줄 수도 있습니다. 그렇기 때문에 늘 조심스럽죠. 또한 애써 찾아온 심포지엄에서 상처받은 유가족이나 자살예방교육을 들었던 청소년의 사례에 비추어 생각해보면, 이런 자리에서 이해받지 못한 경험이 이후 정말 도움이 필요한 어떤 시기에 도움을 구할 수 없도록 만들지 모른다는 염려도 있습니다.

본격적으로 강연을 시작하기 전에 먼저 말씀드리겠습니다. 오늘 제가 드리는 이야기는 제가 지금까지 만난 유가족들의 이야기와 관련 연구에 대한 제 한정된 경험을 기초로 한 것입니다. 따라서 어떤 분들의 사별 경험을 위로하기에 충분치 못할 수도 있습니다. 그렇다고 해서 여러분의 경험과 감정이 잘못되었다거나 옳지 않다는 뜻은 아닙니다. 여러분 각자가 느끼는 사별의 아픔과 그 사별을 맞게 된 상황들은 그 자체로 존중받아야 함을 강조하고 싶습니다.

> 다른 사람들은 이 고통을 어떻게 헤쳐나가나요

자살을 둘러싼 여러가지 조심스러운 지점이 많음에도 불구하고 제가 이 주제를 이야기하기로 마음먹은 것은 상담실에 찾아온 사별자들의 말들 때문입니다. "그 일을 겪고 나서 다른 사람들은 이 시간을 어떻게 보내는지 찾아봤어요. 내가 정상인 건지, 얼마나 오랫동안 아파해야 하는 건지, 어떻게 견딜 수 있는 건지, 회복될 수는 있는 건지, 다른 사람들은 도대체 어떻게 이 시간들을 보내는 건지 궁금해요."

사별자들은 난생처음 겪어본 급작스러운 사별 이후 마음이 무너진 이유를 해석하고 싶어했습니다. 그런 분들에게 저는 비슷한 상황에 처했던 다른 이의 경험과 그들이 통과한 애도의 길을 전달해드리곤 합니다. 같은 아픔을 겪은 누군가가 먼저 앞서 걸어간 길은, 캄캄한 우주 속에 내동댕이쳐진 듯한 느낌을 받는 사별자에게 희미한 희망의 불빛이 되어줍니다. 그래서 저는 메신저가 되어 제 앞에 있는 분과 저를 거쳐갔거나 제가 만났던 분의 경험을 서로 이어드립니다. 이런 감정과 경험의 공유는 정신건강 전문가는 할 수 없는, 같은 경험을 한 사람들만이 던져줄 수 있는 구명조끼 같습니다. 그리고 저는 제가 이어 전달해드렸던 그 구명조끼를 더 많은 자살 사별자에게 전달해드리고 싶습니다. 자살 사별자들이 그날 이후 어떤 경험을 하고 있고, 상실을 극복해가는 과정이 어떠하며, 그 과정에서 제가 함께하며 느꼈던 감정들을 나누어보고 싶습니다. 그리고 그분들에게 우리가, 우리 사회가 어떠한 위로를 보내야 될지 함께 고민해보면 좋겠습니다.

제가 들려드리고 싶은 이야기는 왜 사람들이 자살하는지가 아닙니다. 자살에 이르는 사람의 마음은 어떤 상태인지를 설명하고 싶은 것도 아니고요. 앞서 말씀드렸다시피 제가 들려드리고 싶은 것은 극단적인 선택 뒤에 남겨진 사람들, 황폐해진 상태에서 절벽에 내몰려 이전과는 완전히 다른 삶을 살아내야 하는 큰 짐을 진 사람들의 이야기입니다.

지금은 종영한 「거리의 만찬」이라는 TV 프로그램이 있었습니다. 2019년 2월 방영한 '기억해도 괜찮아'라는 에피소드에 같은 자살 유가족 모임에서 활동하고 있는 심명빈님과 함께 출연했습니다. 지상파 방송에서 자살 유가족이 얼굴을 드러내놓고 '내가 그날 이후 이러이러한 경험을 했습니다' 하고 이야기하는 게 드문 일이었죠. 방송이 나간 후 반향이 꽤 컸고, 좋은 내용이라고 상도 받았다고 합니다. 그리고 시청률이 높은 프로그램이 아니었음에도 이 방송을 보고 '방송에 출연한 분이 나랑 비슷하다. 내 마음을 듣는 것 같았다'라면서 저를 찾아오신 분들이 있었습니다. 심명빈님도 늘상 하는 이야기가 있습니다. 어느 자리에서건 남편이 언제 어떻게 죽었고 그 이후 어떤 시간을 보냈다고 먼저 말하면 그 사연을 듣고 몇몇 분이 조용히 찾아와 "실은 저도 사별자입니다. 자살 유가족입니다"라고 말씀하신다고요. 자신과 같은 경험을 한 누군가가 앞서 이런 고백을 하는 것에 위로받고 용기를 내는 것 같아요. 그런 반응들을 보고 더 적극적으로 자살 사별자들의 경험을 들려드려야겠다 결심하게 되기도 했습니다.

　우리는 그날 이후 사별자들이 어떤 경험을 하는지 잘 모릅니다. 막연히 힘든 시간을 보내고 있겠구나 하고 짐작할 뿐이죠. 사별 직후, 일주일 후, 한달 후, 6개월 후, 1년 후, 그리고 수년의 시간이 흐른 후 그때마다 다르게 요동치는 마음의 변화를 정확히 알기 힘듭니다. 그저 어느 시점이 되면 적당히 가슴에 묻고 그럭저럭 자기 생활을 꾸릴 수 있으리라 생각하고 또 그러길 쉽게 기대합니다. 우리는 내 주변의 누군가가 오랫동안 아파하고 힘들어하는 것에 대한 인내력이 참 낮거든요. "좀 적당히 해라. 이제 그만큼 했으면 됐다"라고 쉽게 말하죠.

정말 좋은 뜻으로 위로를 건네려는 사람들도 어느 시점에 어떤 말과 태도로 사별자들과 소통해야 하는지 몰라서 망설이기도 합니다. 문제는 자살 사별자 당사자도 무슨 도움이 필요한지, 무슨 위로가 필요한지 잘 모른다는 것입니다. 처음 맞닥뜨린 상황에서 '저는 지금 이런 도움이 필요해요. 이런 말이 위로가 됩니다'라고 정확히 알고 이를 표현할 수 있는 사람이 얼마나 될까요.

어느 사별자분이 그러시더라고요. 어떤 날은 주변 사람들이 내 상황을 미리 헤아려 위로해주었으면 하는 생각이 드는데, 또 어떤 날은 그저 모른 척해주었으면 좋겠다는 생각이 든다고요. 유가족 스스로가 주변의 관심과 위로에 높은 벽을 쌓고 그 안에 스스로를 고립시키기도 합니다. '자살'이라는 것을 제발 아무도 몰랐으면, 할 수만 있다면 주변 사람들에게는 이 죽음이 끝까지 돌연사나 사고사로 남아 있었으면 하는 마음으로 사는 분들도 분명히 있습니다.

그렇다면 '자살 사별자'라고 부를 수 있는 범위는 어디까지일까요? 다음 그림은 한 사람이 자살로 목숨을 끊었을 때 어느 범위의 사람에게까지 영향을 미치는지 보여줍니다. 마치 잔잔한 호수에 돌을 던졌을 때 물결이 퍼져나가는 모양 같습니다. 이렇게 물결이 퍼져나가듯이 한명의 자살자가 주변, 그리고 사회 전반에 미치는 영향은 우리가 생각하는 것보다 훨씬 더 넓고 큽니다.*

세계보건기구^{WHO}는 한 사람이 자살로 시망했을 때 최소 5명에서 10명의 주변인에게 심각한 영향을 미치게 된다고 발표했습

---

* "Responding to Grief, Trauma, and Distress After a Suicide: U. S. National Guidelines," 2015.

노출된 사람들

영향받은 사람들

친척, 친구, 지인,
치료자, 동료 등

자살 유가족

자살 사별자의 범위

니다.[*] 가장 안쪽 동그라미에 있는 분들이겠죠. 대부분 형제자매,
부모, 배우자, 자녀 등 고인과 가까운 가족 관계에 있는 사람들이
며 이들이 느끼는 사별의 고통은 전문적인 도움 없이는 좀처럼
벗어나기 힘든 경우가 많다고 알려져 있습니다. 이러한 관계에
있는 분들은 사별 상실로 인해 개인 삶의 여러 영역에서 아주 큰
변화를 맞게 됩니다. 우리나라도 이 범주에 해당되는 분들의 회
복을 위해 국가 차원에서 지원을 하고 있는데 아직 모르는 분이
많은 것 같습니다. 사별 기간 1년 이내에 있는 자살 사망자의 배

---

* *Preventing Suicide How to Start Survivors' Group*, WHO 2008, 1~30면.

우자 및 2촌 이내 직계 혈족에 해당되는 사람들에게는 정신건강
의학과 외래 및 입원치료비 100만원가량이 지원됩니다.[●]

한 사람이 살면서 관계를 맺는 사람은 가족뿐만이 아니죠. 가
장 길고 아픈 상흔이 남는 관계는 가족이겠지만 그 사람을 잘 아
는 친구, 친척, 직장 동료들도 사별의 아픔을 느낄 수 있습니다.
이 범주의 사람들은 죽음 직후 일정 기간이 지나면 상실에 점차
적응하면서 자신의 삶으로 다시 돌아갈 수 있습니다. 물론 친구
나 직장 동료라도 가족보다 더 끈끈하고 친밀한 관계를 맺고 있
었다면 자신의 삶으로 돌아가기에 필요한 시간이 더 길어지거나
전문적인 도움이 필요할 수도 있습니다.

모 기업의 직원이 자살로 사망한 이후 같은 부서의 동료들을
위한 애도 프로그램을 진행한 적이 있습니다. 동료들 중에는 이
미 가족을 자살로 잃은 경험이 있어 다른 사람들보다 의연하게
버텨내는 분도 있었고, 기존에 가지고 있던 우울감이 더욱 악화
된 분도 있었으며, 마음은 아프지만 그럭저럭 적응하고 있는 분
도 있었습니다. 이처럼 같은 직장 동료라도 각 개인의 맥락에 따
라 한 사람의 자살 사망은 다르게 다가옵니다. 헤어나오기 힘든

● 보건복지부 중앙심리부검센터에서 자살 유가족을 위한 공간 '따뜻한작별'을 운영하고 있다.

큰 충격과 아픔이 되기도 하며, 잠깐은 힘들지만 곧 회복될 수 있는 사건이 되기도 합니다. 어느 쪽이 옳거나 자연스러운 게 아니라는 뜻입니다.

그다음으로 고인의 죽음을 보고 감정적 흔들림을 느낄 수 있는 관계 속의 사람들, 그리고 사건 현장에 출동한 경찰관이나 소방관, 현장을 발견한 목격자 등 죽음에 노출된 사람들까지도 죽음에 영향을 받는 사람들의 범주에 포함될 수 있습니다. 꼭 직접적으로 아는 관계가 아니더라도 공인이나 유명인의 자살 사망이 영향을 미치기도 합니다. 특히 요즘처럼 언론에서 선정적인 보도를 하고, SNS를 통해 입이 있는 모든 사람들이 그 죽음의 이유를 두고 한마디씩 하는 상황에서는 여러분과 저, 우리 사회의 대다수가 자살 사별자의 범주에 충분히 포함되기도 합니다.

이렇게 보면 오늘 이 강연의 제목처럼 정말 우리는 모두 자살 사별자입니다. 국가 수준의 자살예방정책에서 '자살 유족'이라고 부르며 지원하는 범위는 고인의 주변 사람 5~10명이라는 기준으로 협소하지만, 실제로는 고인과 직·간접적으로 관계를 맺었던 수많은 사람들이 모두 영향을 받을 수 있으며 이들을 위한 교육이나 심리 지원, 전문적인 개입도 필요합니다.

한 개인의 자살을 두고 사별자의 기준을 직계 가족으로 제한하면 5~6명에 불과하지만 친척으로 넓히면 그 범위와 인원이 늘어나고, 친구로 보면 더 많아지고, 그리고 영향받거나 노출된 사람들까지 확장하면 몇배로 크게 늘어난다는 것을 꼭 알아두었으면 좋겠습니다. 이런 의미에서 저는 자살 유족, 자살 유가족이라는 말보다 '자살 사별자'라는 말을 더 자주 사용합니다. 혹시라도 '내가 가족도 아닌데 이렇게 힘들어하는 게 맞는 건가?'라고 생각하거나 '그 사람을 잘 알지도 못하는데 왜 이렇게 그 죽음이 자꾸 신경 쓰이지?'라고 되뇌는 분이 있다면 말씀드리고 싶습니다. 가족이 아니더라도 우리는 어떤 사람의 자살 소식에 충분히 힘들어할 수 있으며 그 경우 각자 자기 나름의 방식으로 애도 과정을 거쳐야 합니다.

언론에서 대대적으로 보도되는 유명인의 자살 사망은 그 파급 효과가 가늠하기 힘들 정도로 큰 경우가 많습니다. 특히 유명 아이돌이나 연예인이 자살로 사망한 경우 그 영향력은 제가 현장에서 체감할 수 있을 정도였는데요. 유명인은 일반인과 달리 공개되어 있는 활동이 많기 때문에 꼭 그 사람의 팬이 아니더라도 그런 기록들을 살펴보면서 죽음 직전 고인의 고통스러운 심리 상태에 함께 빠져드는 경우가 흔합니다. 물론 많은 분들은 일정 시간이 지나면 고인의 기록이나 활동을 찾아보는 빈도가 줄면서 특별한 문제 없이 일상으로 돌아옵니다. 하지만 죽음을 생각할 정도로 힘든 상황에 놓여 있던 분들은 이 과정에서 꽤 영향을 받기도 합니다.

자조모임에 참석하거나 개인 상담을 받으러 오는 사별자들은 모두 공통적으로 고인이 사망한 직후 '탐정'이 되는 경험을 했다고 털어놓습니다. 고인이 남긴 흔적들을 마치 탐정이 된 것처럼 반복해서 찾아 헤매는 것이죠. 인터넷에서 무엇을 마지막으로 보았는지, 어떤 검색 기록이 남아 있는지, 누구와 어떤 내용으로 이메일을 주고받았는지, 어떤 커뮤니티에 가입해 있었는지, 어떤 기사에 어떤 댓글을 남겼는지, 어떤 책을 보았는지 등을 밤새워 찾아 읽고 또 읽습니다. 혹시 내가 놓친 어떤 것, 사망의 단서가 될 만한 것들은 없는지 끊임없이 찾는 거죠.

뒤에 다시 말씀드리겠지만 이것은 이유를 알 수 없는 죽음을 경험한 사별자에게 나타나는 지극히 자연스러운 애도 과정이기도 합니다. 이 과정에서 사별자들은 고인이 사망 직전 일정 기간 유명인의 자살 사망 기사를 찾아보았거나 그 기사에 달린 댓글들을 보았다는 걸 알게 되기도 합니다. 스스로 목숨을 끊는다는 것은 굉장히 두렵고 고통스러운 일일 거예요. 그 공포를 이겨내기 위해, 또는 우리가 알 수 없는 어떤 다른 이유에서, 자살자들은 다른 사람의 죽음에 관심을 가질 수밖에 없겠죠. '삶의 고통을 끝내기 위해서 내게 남은 선택지는 이것 하나밖에 없다'라는 생각이 들게 되면 그 선택을 실천하도록 하는 모든 정보만 취사선택해서 집중하게 되는 '터널 비전'tunnel vision 에 빠져드는 경우가 많습니다. 이런 상태에 있는 사람에게 유명인의 자살 사망에 대해 쏟아지는 기사와 정보, 소문들이 어떤 영향을 줄지 여러분도 충분히 짐작할 수 있을 겁니다.

실제 자살예방센터나 응급실에서 위기 개입을 하는 선생님들의 말씀을 들어보면 유명인의 자살 사건이 생기면 상담 전화 건수가 급증하고 자살 시도로 응급실에 오는 환자가 많아진다고 합니다. 우리나라 자살률이 점차 낮아지는 추이를 보이다가 2019년 다시 오르기 시작했는데, 원인을 살펴보니 온 국민이 다 아는 유명인의 자살 직후 몇개월 이내에 자살률이 그에 수반해 늘어나는 경향이 있었다고 보건복지부에서 밝힌 바 있습니다.

이 때문에 중앙자살예방센터에는 자살 보도 권고기준을 배포하고 준수하도록 홍보하고 있고, 그 덕분인지 과거에 비해 자살 사망을 다루는 언론의 태도가 많이 달라지고 있습니다. 그러나 언론 보도 외에도 사망 정보를 접하거나 고인의 죽음에 관해 의견을 교환할 수 있는 경로는 너무나 다양하기 때문에 인터넷을 완전히 차단하지 않는 이상 관련 정보에 접근하는 것을 제한하기는 매우 어려운 상황입니다. 제일 바람직한 것은 언론에 언급될 만한 공인이나 유명인의 비극적 사망이 줄어드는 것이겠죠. 그리고 덧붙이자면 대중의 관심과 사랑을 받는 공인이나 유명인은 자신의 말과 행동이 생각지도 못한 경로로, 생각지도 못한 누군가에게 어마어마한 영향을 미칠 수 있다는 사실을 늘 염두에 두었으면 합니다.

유명인의 자살에 대한 공적인 추모는 자칫 자살이라는 죽음을 지나치게 미화하거나 영웅시하기 쉽습니다. 어떤 삶에든 공과가 있습니다만, 당사자가 죽었기 때문에 모든 과가 공으로 덮이거나 없었던 일이 되기도 합니다. 사람들은 각자의 입장에서 고인의 삶의 어떤 부분에 과도하게 의미를 부여하거나 때로는 가치 없는 것으로 취급하기도 합니다. 이렇게 자살로 생을 마감한 유명인의 삶은 낱낱이 해부되어 전시되곤 합니다. 이 과정이 유가족이나 사적으로 깊은 관계를 맺었던 사람들에게는 참혹한 고통이 될 수도 있을 겁니다.

유명인의 자살 뒤에는 그 죽음을 둘러싼 이런저런 말들이 따라옵니다. 이런 말들을 듣다보면 '저러다 또 누가 극단적인 선택을 하면 어쩌나' 하는 생각이 들어 불안에 휩싸일 때가 있습니다. 우리는 자신이 생각하는 한두가지의 이유로 누군가의 자살을 단정 짓지 말아야 합니다.

그렇다면 유명인의 자살에 큰 상실감을 느끼는 한 개인이 할 수 있는 일은 어떤 것이 있을까요? 안타까운 죽음 자체를 슬퍼하는 것은 자연스러운 일이지만, 유명인의 마지막 행적에만 지나치게 집착하는 것은 좋지 않습니다. 그보다는 내가 좋아하고 사랑했던, 닮고 싶었던 고인의 삶의 측면을 기억해주고 내 삶으로 가져올 수 있다면 좋겠습니다. 우리가 알고 있는 유명인의 모습은 매체와 언론을 통해 만들어지고 드러나는 것들뿐입니다. 남겨진 사람들 중 가해자로 생각하는 누군가를 기어코 찾아내 단죄하려 들거나 희생양으로 삼지 말아야 합니다. 누군가를 단죄하거나 타인에게 해를 끼치는 것은 건강한 애도가 아닙니다. 관심도 없던 유명인의 죽음에서 특별히 더 헤어나오기 힘들다면, 그 죽음의 어느 측면이 나를 이렇게 힘들게 하는지 자신의 마음 상태를 확인해볼 필요가 있습니다.

자살보도 권고기준 3.0 다섯가지 원칙[*]

1. 기사 제목에 '자살'이나 자살을 의미하는 표현 대신 '사망' '숨지다' 등의 표현을 사용합니다.

2. 구체적인 자살 방법, 도구, 장소, 동기 등을 보도하지 않습니다.

3. 자살과 관련된 사진이나 동영상은 모방자살을 부추길 수 있으므로 유의해서 사용합니다.

4. 자살을 미화하거나 합리화하지 말고, 자살로 발생하는 부정적인 결과와 자살 예방 정보를 제공합니다.

5. 자살 사건을 보도할 때는 고인의 인격과 유가족의 사생활을 존중합니다.

※ 유명인 자살보도를 할 때 이 기준은 더욱 엄격하게 준수해야 합니다.

[*] 한국기자협회 홈페이지 참조.

많은 자살 사별자들은 고인이 스스로 목숨을 끊었다, 자살했다, 극단적인 선택을 했다는 사실을 웬만하면 이야기하고 싶어하지 않습니다. 감출 수만 있다면 끝까지 아무도 모르게 숨기고 싶어하는 경우가 많죠. 예전에 제가 만난 사별자가 "왜 집 밖에서 목을 매서 온 동네 사람들이 다 알게 만들었는지 너무 원망스럽다"라고 말했던 것이 기억납니다. 어떤 분은 이렇게 토로하기도 했어요. "그냥 교통사고 이런 거면 얼마나 좋을까요. 그러면 그냥 솔직히 말할 수 있잖아요. 그냥 말하고 위로받을 수 있잖아요."

자살자의 자식으로, 배우자로, 가족으로 산다는 것이 어떤 낙인이 되기에 사별자들이 이토록 그 죽음의 방식을 감추고 싶어하는 것일까요? 사별자들이 자살 사망을 어떻게 받아들이기에 마치 이 일이 일어나지 않은 것처럼, 혹은 고인이 죽지 않고 어딘가에 살아 있는 것처럼 말할까요? 가족의 죽음을 목격한 어린 자녀에게 "네가 본 것은 사실이 아니다"라고 말씀하신 분도 있습니다. 아이 입장에서는 내가 본 것이 사실이 아니고 어딘가에 그 가족이 살아 있다고 하니 무척 혼란스러웠겠죠. 아이는 본인이 목격한 것을 놀이에서 반복적으로 표현했고 이를 걱정한 어른들이 아이를 전문가에게 데려갔습니다. 전문가 역시 어른들에게 "아이가 좀더 커서 준비가 되면 이야기해라"라고 조언했다고 합니다. 아이가 좀더 크면, 사춘기가 지나면, 성인이 되면, 알 만한 나이가 되면… 적당한 때라는 것은 과연 언제일까요? 사별자들이 생각하는 적당한 때가 되면 또다시 적당하지 않은 이유가 생길지도 모릅니다.

많은 사람들은 스스로 목숨을 끊은 사람에게는 무엇인가 그럴 만한 심각한 결함이 있었다고 생각하곤 합니다. 그리고 죽음에 이를 만한 그 결함을 고쳐주거나 문제를 해결해주지 않은 가까운 사람들이 죽음에 일정 부분 책임을 져야 한다고 생각합니다. 우리는 흔히 누군가 자살을 선택하는 데에는 한두가지 확실한 이유가 있다고 아주 쉽게 단정합니다. 그러나 대부분의 사별

41

자들은 주변 사람들이 궁금해하는 명확한 한두가지의 이유를 알지 못합니다. '이것' 때문인 것 같기도 하다가 설마 '그것' 때문일까 하는 생각이 들기도 합니다. 엉킨 실타래 속에 몸과 마음이 묶여버린 사별자들은 그냥 입을 닫아버리거나, 아니면 죽음에 다른 이유를 댑니다. 그 편이 고인의 죽음을 설명할 수 있는 이유를 찾는 것보다 훨씬 더 낫다고 생각하는 것 같습니다.

자살 사건이 발생하면 이를 막지 못한 가족들이나 주변 사람들에게 책임이 있다는 식으로 몰아가거나 좋지 않은 시선을 던지는 경우가 많습니다. 관련이 적은 사람들은 자살이라는 죽음을 쉽게 생각하죠. 어떤 사별자가 이런 이야기를 했습니다. "나도 그 이유를 모르겠는데, 사람들이 듣고 싶어하는 이유를 제가 어떻게 설명할 수 있나요?" 이 자리에서 분명하게 말씀드리면, 사별자에게는 죽음을 알아듣게 설명해야 할 책임이 없습니다.

저는 애도상담을 하기 전에는 장례식에 대해 별다른 생각이 없었습니다. 그런데 사별자들을 만나보고 나니 장례식이라는 절차가 애도에 중요한 이유를 알겠더라고요. 나이가 어리면 어릴수록 사별로 가까운 사람을 잃은 경험이 별로 없을 겁니다. 저도 유가족들을 만나기 전까지만 해도 그렇게 큰 사별이나 상실을 겪어본 적이 없었어요. 장례식장과 화장터가 어떻게 운영되는지, 거기서 어떤 일들이 벌어지는지 잘 몰랐습니다. 그런데 우리는 종종 '결혼식은 가지 않아도 장례식은 가야 한다'라는 이야기를 듣습니다. 장례식은 왜 유독 더 중요할까요?

장례식에 가면 우리는 고인에 대해 묻게 됩니다. "어떻게 가셨어요?" "힘들지 않았나요?" 그리고 자신의 이야기를 꺼내기도 합니다. "저는 고인과 이런 일이 있었어요" "고인은 이런 분이셨어요" 같은 말을 주고받습니다. 장례식장이 고인에 대한 공적인 애도의 장이 되는 거죠. 고인이 더이상 물리적으로 우리 곁에 존재하지는 않지만, 우리 기억 속에 남아 계속 그 관계를 기억하도록 하는 첫 단계가 장례식이라고 생각합니다. 그런데 자살 사별자의 경우 장례식에서부터 애도의 첫 단계가 어그러집니다.

대부분의 자살은 굉장히 급작스럽게 일어납니다. 갑자기, 예기치 못하게, 순식간에 닥친 일이기 때문에 미리 대비할 시간이 없습니다. 연로한 조부모의 장례처럼 미리 준비해둔 상조회사가 있거나 오랜 시간 지병을 앓았던 가족의 장례처럼 마음의 준비를 해둔 상황이 아닙니다. 가족 구성원 중 그나마 정신을 차릴 수 있는 사람이 죽음을 처리하고 수습해야 하는 상황인 거예요.

형제를 먼저 떠나보낸 사별자가 있었습니다. 부모는 혼절해 있고, 남은 동생이 부모를 대신해서 장례 절차를 모두 처리해야 했습니다. 오빠의 휴대폰을 뒤져 모든 사람에게 닥치는 대로 부고를 보내고, 부모를 대신해 조문객들을 맞았다고 합니다. 부고를 받은 오빠의 친구들은 "장난치지 말아라. 네가 정말 동생인지 증명해봐라"라고 답 문자를 보내기도 했습니다. 며칠 전 네일아

트를 받은 손톱이 검은 상복 아래에서 너무 화려하게 빛나서, 장례식 내내 손톱을 박박 긁어 떼어냈습니다. 알지도 못하는 집안 어른이 갑자기 나타나 이러쿵저러쿵 훈수를 두기도 합니다. '나라도 정신을 차려야 한다'라는 생각에 눈물 한방울 흘리지 못하고 있었는데, 그런 그를 두고 누군가는 독하다고 합니다.

조문을 하러 가면 우리는 유족들에게 고인이 어떻게 돌아가셨는지, 와병 중에 가셨다면 얼마나 오랫동안 아파하셨는지를 물어보곤 합니다. 그 과정에서 유족들이 얼마나 힘들었을지 살피고 위로하죠. 유족들은 조문객들에게 반복적으로 죽음의 정황을 이야기하면서 자신에게 일어난 사건을 조금씩 받아들이기 시작합니다. 이처럼 장례는 고인을 위한 시간이라기보다 남겨진 사람들을 위로하는 시간에 가깝습니다.

하지만 자살 사별자들은 이런 질문에 대답하기 어렵습니다. 고인이 교통사고나 다른 갑작스러운 사고로 사망했다고 둘러대는 분이 많습니다. 그런데 장례식장에 가보면 조문객들은 느낄 수 있죠. '그냥' 사고가 아닌 것 같고, 유족이 말하지 못한 어떤 사연이 있다는 것을요. 그러면 그냥 조용히 조의를 표하고 오면 됩니다. 하지만 꼭 무례한 사람들이 있기 마련입니다. 언제 어디서 왜 사고를 당했는지, 보험 처리를 어떻게 했는지 등등 대답하기 어려운 질문을 꼬치꼬치 캐묻는 거죠. 사망 경위를 밝힐 수 없거나 밝히기 꺼려하는 사별자들은 조문객의 위로고 뭐고 어서 빨리 이 시간이 끝나기만을 간절히 바랍니다. 자살이 돌연사나 사고사로 둔갑한 상황에서 조문객의 위로는 사별자의 마음에 와닿지 않습니다.

고인이 스스로 목숨을 끊었다는 사실이 알려진 경우라면 사별자들이 더 큰 위로를 받을 수 있을까요? 안타깝게도 많은 경우 그렇지 않은 것 같습니다. 그냥 "얼마나 힘드니?"라고, 딱 그 정도만 이야기해주면 좋을 텐데 고인의 죽음에 대해 호기심이 가득 찬 사람부터 뭘 안다고 돼먹지 못한 말을 지껄이는 사람까지 각양각색이죠. "왜 그랬대?" "너 정말 몰랐어?" "그렇게 될 때까지 너는 뭐 했어" 같은 무례한 말부터 어린 자식들을 붙잡고 "네가 이제 가장이다"라고 하거나 "자식 보고 정신 차리고 살아라" 같은 부담스러운 말까지. 어떤 분은 '정신 차리라'라는 말이 그렇게 서럽게 들렸다고 합니다. 자신에겐 슬퍼할 시간도 주어지지 않는구나 하는 생각이 들어서요. 또다른 분은 가장 위로가 되었던 것이 자기를 붙잡고 "어떡하니, 어떡해"라고 마냥 울어주던 친구였다고 합니다. 뭐가 뭔지 모르는 상황에서 울음조차 나오지 않을 때 자기 대신 어떡하느냐며 울어준 그 친구 덕분에 그 순간 잠시 위로를 받았다고 했어요. 사별자들은 제정신이 아닌 상태에서 장례를 끝내고 시간이 한참 흐르고 난 뒤, 이 일이 진짜 나에게 일어난 일임을 그제야 조금씩 깨닫게 됩니다.

자살 사별이 일반 사별과 다른 가장 큰 이유를 꼽자면 죽음의 원인을 알 수 없다는 겁니다. 우리가 원인이라고 대는 것들은 다 가설이고 추측일 뿐이에요. 심리부검은 고인이 왜 그런 선택을 할 수밖에 없었는지에 대한 이야기를 방대한 질문을 통해서 만들어내는데, 그 역시 추정일 뿐이죠.

다른 예를 들어보죠. 만약 교통사고라면 어떤 이유로 사고가 발생했는지, 누가 가해자인지, 운전자의 과실이 있었는지 등 자세한 상황을 알 수 있습니다. 고인이 지병으로 사망했다면 그 병이 얼마나 치명적인지, 병의 원인이 무엇이고 왜 상태가 나빠졌는지 등을 의사를 통해 설명을 들을 수 있겠죠. 그러나 자살 사별의 경우 고인이 의도를 가지고 스스로 목숨을 끊었음에도 도대체 그 이유가 뭔지 사별자들은 추정만 할 뿐 결코 정확히 알 수 없습니다. 이 점이 자살 사별자의 애도를 굉장히 복잡하게 만들고, 또 오랜 시간이 걸릴 수밖에 없게끔 합니다.

또한 그 죽음과 관련해서 '왜 나는 그때 그렇게 하지 못했을까?' '왜 그때 미리 알지 못했을까?' 같은 질문을 끝도 없이 스스로에게 던지게 됩니다. 그러면서 어마어마한 죄책감, 자책감, 자기비난에 빠지죠. 사랑하는 사람을 사별로 잃으면 누구나 자책감이 듭니다. 고인에게 좀더 잘했어야 했는데 하고 후회하는 거죠. 그런데 일반적인 사별의 자책감과 스스로 목숨을 끊은 뒤에 남겨진 사람들의 자책감은 굉장히 다른 것 같아요. 처음에는 떠난 고인을 미워하기도 했다가 그 화살을 나한테 돌려 자신을 미워하기도 하죠. 이는 죽음의 명확한 가해자, 혹은 분명한 이유를 찾을 수 없기 때문인 것 같아요. 이 모든 과정이 사별자를 고통스럽게 합니다.

자살 사별 직후 3개월에서 6개월 이내에 있는 사별자의 상황이나 상태는 혼란 그 자체입니다. 어떤 의사결정을 명확하게 할 수 있는 상태가 아니죠. 저는 어떤 사건이 발생했을 때 사별자들한테 마이크를 들이대고 어떻게든 이야기를 뽑아내려는 취재 방식이 굉장히 폭력적이라고 생각합니다. 제가 만난 유가족들은 그 혼란스러운 시기에 내렸던 결정들을 후회하는 경우가 많아요. 외국의 매뉴얼을 보면 그런 상황에서는 유가족이 직접 나서지 말고 입장을 전달해줄 수 있는 대리인을 세우라고 합니다. 특히 자살 사별 같은 경우 웬만하면 유가족이 전면에 나서지 않게 합니다. 그럴 만한 상황이 아니라는 것을 잘 알기 때문이죠.

사별자를 가장 힘들게 하는 것은 죄책감입니다. 자살예방지침서를 보면 자살하는 사람 10명 중 8명은 경고신호를 보내기 때문에, 이를 잘 파악해서 자살 위험자를 도와야 한다고 합니다. 보건복지부에서는 국민 누구나 주변인의 자살 징후를 쉽게 발견하고 적절하게 대응해 자살을 예방할 수 있도록 하는 '자살 예방 게이트키퍼' 상시 교육을 마련하기도 했고요. 실질적으로 효과가 있는 자살예방정책 중 하나이긴 합니다. 예방 측면에서는 사전 경고를 파악해 자살을 막을 수 있다는 메시지를 주는 게 맞아요. 하지만 사별자의 입장에서는 이러한 지침이 자책감을 불러일으키는 요인이 되기도 합니다. 자살 위험군의 행동, 신체 변화, 내적 요인, 외적 요인 등 목록을 보다보면 '경고신호가 이렇게 많은데 난 왜 몰랐지?' 하면서 또 스스로를 비난하게 되는 거죠.

실상 현장에서 심리부검 면담을 하면서 "혹시 고인이 사망하기 전에 이러이러한 상태를 눈치채신 게 있나요?"라고 물어보면 다들 몰랐다고 합니다. 평소와 다름없었다는 거예요. 대체로 평소처럼 장도 보고 찌개도 올려놨는데 스스로 죽을 리가 없다고 말합니다. 자살하는 사람들이 정말 눈에 띄게 평소와 다르게 행동했다면 주변 사람들이 그 변화를 눈치챘겠지만 대다수는 평소와 크게 다르지 않게 행동합니다. 물론 마음속으로는 끊임없이 리허설을 했겠죠. 관련 내용도 검색해보고 기사도 찾아보고 말이에요. 하지만 자살자는 주변 사람들은 결코 알지 못하게 본인의 선택을 완수할 때가 많습니다.

자살 사망자의 25~30퍼센트는 유서를 남기지만 다수는 그러지 않습니다. 강렬한 자살 충동을 느낄 때는 평소와 다른 의식 상태에 있으며 생각과 감정이 정상적이지 않을 수 있음을 고려해야 합니다. 유서의 내용이 앞뒤가 맞지 않을 때도 있고, 사별자가 알고 싶어하는 죽음의 이유, '왜?'에 대한 대답을 담고 있을 수도 있고 아닐 수도 있습니다. 유서의 내용은 사망할 당시 고인의 상태를 반영할 뿐 사망에 이르기까지의 과정 전체를 알려주는 것은 아닙니다. 그 어떤 유서라도 고인이 자신의 삶을 끝내도록 한 결정적인 이유, 감정, 생각들을 모두 담을 수 없습니다. 이런 유서마저 없는 경우가 훨씬 많고요.

사별자들은 자살의 이유를 알고 싶어하지만 갑작스럽게 자살 충동을 느끼는 사람들은 대부분 주변 사람과 상황에 대해 깔끔하고 명확하게 사고하지 못합니다. 자신의 고통, 자신이 마주한 문제와 그 문제를 해결할 수 없다는 무력감에 빠져 그저 이 상황을 벗어나는 유일한 방법이 스스로 목숨을 끊는 것이라고 생각하는 경우가 많습니다.

사별자들은 심리면담 과정에서 자살 경고신호 목록을 보며 해당된다고 생각하는 것에 체크합니다. 고인이 잠을 잘 못 잤다, 밤새도록 TV를 보면서 왔다 갔다 했다, 갑자기 체중이 줄었다, 알코올 의존도가 높아졌다, 이런 것들이죠. 유가족들이 '아, 이런 게 자살의 경고신호구나' 하고 생각하면서 '자살 경고신호가 있었나요?'라는 질문에 '있었다'라고 표시하다보니 경고신호가 자살로 이어지는 비율이 80퍼센트라는 통계치가 나옵니다. 사별자들은 면담 과정에서 과거를 꼼꼼히 되짚어보면서 '그 말이, 그 행동이, 그 얼굴빛이 경고신호였구나'라고 뒤늦게 추정하게 되는 겁니다. 그러면서 느끼게 되는 자책감은 '내가 만약 이렇게 했더

라면'이라고 생각하는 '이프 온리'^{if only} 사고를 하게 만듭니다. 한
도 끝도 없어요.

자살 예방 실무자 교육을 할 때 어떤 선생님이 질문을 했습니
다. 어느 자살 유가족을 5년째 계속 상담하고 있는데, 5년이 지나
도록 끊임없이 '내가 이렇게 했더라면'이라는 말을 반복한다는
겁니다. 당신 잘못이 아니라고, 그렇게 했더라도 막을 수 없었을
것이라고 아무리 일러주어도 몇년째 제자리걸음이라고 말이죠.
도대체 어떻게 하면 내담자의 '만약 그랬더라면' 생각을 멈출 수
있을지 저에게 물어보았습니다.

실제로 많은 자살 사별자들이 해야 했는데 못했던 말과 행동,
하지 말았어야 하는데 했던 말과 행동을 끊임없이 생각합니다.
정말 그렇게 했더라면 고인이 살아 있을 것 같은 느낌이 든다고
요. 그런 생각이 무용하다는 말로 사별자들의 생각을 멈출 수 없
습니다. 입 밖으로 말을 꺼내고 안 꺼내고의 차이가 있지만, 많은
사별자가 정말 수백, 수천가지의 '만약 그랬더라면'을 만듭니다.
그 전화를 받았더라면, 그 순간 집에 누가 있었더라면, 그날 싸우
지 않았더라면… 이런 수천개의 '만약 그랬더라면' 생각들은 자
살 사별자의 지극히 자연스러운 애도 반응입니다. 그렇게 했더라
도 고인이 살아 돌아올 수 없다는 것을 너무 잘 알지만 생각으로

나마 고인을 살리고 싶은 마음일 수도 있고, 뭔가를 하지 못했던 스스로에 대한 죄책감일 수도 있습니다.

이런 일도 있습니다. 자살 사별자에게는 각자 자신이 만든 '만약 그랬더라면'이 있습니다. 언젠가 사별자 한분이 다른 사별자들과 이야기를 나누는데, 상대방은 자신이 예상한 '만약 그랬더라면'을 다 했는데도 불구하고 자살을 막지 못했던 거예요. 그분이 이런 말씀을 하시더라고요. "선생님, '만약 그랬더라면'이라는 생각을 끊어내는 것밖에 도리가 없는 것 같아요. 어떻게 해도 질 수밖에 없는 게임을 하고 있는 기분입니다."

저는 자살을 100퍼센트 예방할 수 있다는 말에 동의하지 않아요. 제때 경고신호를 감지하고 필요한 도움을 주었더라면 살릴 수 있는 목숨이 많은 것은 사실입니다. 하지만 동시에 어떻게 해도 막을 수 없는 죽음도 있습니다. 24시간 감시를 하는 폐쇄병동에서도 자살은 일어날 수 있습니다. 어느 지점에 이르면 막을 수 없는 죽음이 있기도 합니다. 인간의 한계인 거죠. 자살 사별자가 그 사실을 받아들여야 한다고 생각해요. 하지만 끝도 없이 '만약 그랬더라면'을 말하는 이에게 남은 사람들이 해줄 수 있는 건 끝도 없이 들어주는 것뿐입니다.

> **가족이 애도의 공동체가 될 수 있을까**

저는 2030 여성으로 구성된 자살 사별자 자조모임을 운영하고 있습니다. 이 모임에서 리더로 활동하는 분은 형제를 자살로 잃고 한달 만에 저를 찾아왔습니다. "자살 사별의 경우 애도의 고통이 몹시 크다는 것을 잘 알고 있다. 우리 가족이 동생의 죽음을 잘 받아들일 수 있도록 준비하고 싶다"라고 하셨어요. 자살로 사망한 가족 구성원을 위해 가족 모두가 함께 애도한다는 것은 얼핏 이상적인 것 같지만 그것을 실현하기란 매우 어렵습니다. 오히려 한동안은 각자 시간을 보내는 편이 더 나을 수 있습니다.

가족 구성원의 자살은 가족의 구조를 기존과는 완전히 다르게 재편합니다. 편부모가 되기도 하고 남매였던 형제가 외동이 되기도 합니다. 사별자들은 재구성되는 관계의 역동에 적응해야 합니다. 여기엔 절대적인 시간이 필요해요. 그동안 가족 구성원 모두는 각자의 방식대로 애도해야 합니다. 같은 가족이라고 해도 고인과의 관계에 따라 고인의 죽음에 대한 생각과 감정이 매우 다르고, 고인에 대해 알고 있는 정도도 다 다릅니다. 때로는 고인의 죽음을 놓고 그 죽음에 얼마간 영향을 미쳤을 것이라 생각되는 다른 가족 구성원을 원망할 수도 있고, 그 원망은 이 사람에서 저 사람으로 마구 옮겨 다닐 수도 있습니다. 남들한테 말하기 힘든 비밀을 공유했다는 사실 때문에 서로를 잘 이해하고 위로해줄 수 있을 것 같지만, 그 누구보다 날카롭게 상처를 헤집어놓을 수 있는 것도 바로 가족입니다.

우리는 흔히 자식을 앞세운 부모가 그 어떤 자살 사별자보다 힘들어하지 않을까 생각합니다. 감히 그 고통을 가늠하기 어렵기 때문이죠. 저는 형제자매를 자살로 잃은 분들을 만날 기회가 많았습니다. 부모는 남은 자식마저 잘못되지 않을까 노심초사하지만, 남은 자식을 어떤 태도로 대해야 하는지 잘 알지 못합니다. 자녀의 자살을 '부모로서나 인간으로서 완전한 실패'라고 생각하고, 남은 자식을 이전과는 완전히 다르게 대하는 부모도 있습니다. 남은 자식은 고인이 된 형제의 몫까지 해내야 한다는 생각에 부담을 느끼기도 하고, 고인이 받지 못했던 관심을 더 받게 된 데 죄책감을 느끼기도 합니다. 형제의 죽음에 대해 부모를 원망하는 마음이 생기기도 하고 나보다는 부모가 더 힘들 것이라고 짐작해서 드러내놓고 슬퍼하지 못하고 부모의 애도 조력자로만 남아 있는 경우도 있습니다. 자식을 이전과 똑같이 대해야 한다는 아버지와 이전과는 다르게 키워야 한다는 어머니가 대립하기도 합니다. 어떤 부모는 심지어 '왜 쟤가 아니고 걔가 갔을까' 하는 생각을 하며 남겨진 자식에게 원망의 화살을 돌리기도 하고, 그렇게 생각하는 자신에게 놀라며 극심한 죄책감에 빠지기도 합니다.

애도 과정에서 경험하는 감정의 종류와 강도는 가족 구성원 모두 각각 다릅니다. 내가 이런 감정을 느낀다고 해서 다른 사람도 똑같은 감정을 느끼지는 않습니다. 멀쩡히 잘 지내는 듯 보여 화가 나게 만드는 가족이 있을 수도 있습니다. 슬픔의 방식과 속도와 방향은 모두 다릅니다. 구성원 모두 각기 다른 롤러코스터를 타고 있는 셈입니다. 각자의 시간을 허락하다보면, 구성원들이 내가 모르는 어떤 감정을 겪을 수도 있겠다고 생각하다보면, 각자의 시간 속에서 자기 나름의 애도 과정을 겪어내다보면 언젠가 고인을 함께 기억할 수 있는 시간이 분명히 올 겁니다.

심리학이나 정신건강의학에서 사별로 인해 힘들어하는 사람에게 특별히 상실에 초점을 맞춘 애도상담이 필요하다는 논의가 시작된 지는 그리 오래되지 않았습니다. 우리는 누구나 인생의 어느 시점에 누군가를 죽음으로 잃는 경험을 하게 됩니다. 아주 보편적인 인간의 경험인 거죠. 사별 직후 남겨진 사람들은 고인을 몹시 그리워하고, 그 사람이 다시 살아 돌아왔으면 하고 바라기도 하며, 그가 없는 삶을 살아간다는 것은 상상조차 하기 어려워합니다. 한동안 밥을 먹을 수도 없고, 잠을 잘 수도 없고, 일도 공부도 손에 잡히지 않습니다. 그 사람이 곁에 없다는 것이 현실이 아닌 듯, 꿈을 꾸고 있는 것같이 느껴지기도 합니다.

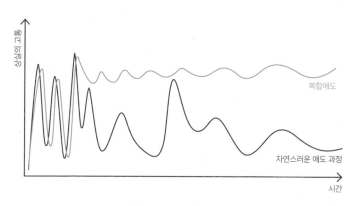

시간이 흐르며 달라지는 애도 반응

이 기간의 애도 반응을 급성애도 acute grief 반응이라고 부릅니다. 하지만 '시간이 약이다'라는 말처럼 한달이 지나고 석달이 지나고 1년이 지나면, 우리는 점차 죽음 직후 극심했던 정서적 고통에서 벗어나 그 사람이 없다는 것을 어느덧 현실로 받아들이게 됩니다. 이는 지극히 자연스러운 애도 과정입니다. 특별한 심리치료나 별다른 조치가 필요하지 않아요. 충분한 시간이 흐르기만을 기다리면 될 뿐이죠.

하지만 시간이 치유하지 못하는 사별의 상처도 있습니다. 시간이 흘러도 앞서 말씀드린 사별 직후의 급성애도 상태에 계속 머무르는 사람들이 있습니다. 그 죽음을 생각하면 여전히 몸서리

치게 아프고, 고통스럽고, 그 죽음 때문에 결코 내 삶을 살아낼 수 없다고 여깁니다. 이런 사람들은 외상 후 스트레스 증후군^{PTSD}과도 다르고 우울증과도 다른 증상을 보입니다.

정신의학 용어로는 이런 상태를 복합애도$^{complicated\ grief}$라고 하는데, 저는 이 말을 그다지 좋아하지는 않습니다. 우리가 어떤 병의 치료 과정에서 합병증^{complication}이 생겼다고 말할 때가 있죠. 의료진은 늘 합병증을 최소화하거나 발생하지 않도록 노력해야 합니다. 복합애도라는 개념 역시 다분히 이런 의학적 개념을 기초로 만든 용어라, 복합애도 상태에 있는 사별자들을 정상에서 벗어난 것으로 분류하는 듯한 느낌이 들기도 합니다. 물론 이렇게 명명한 것은 복합애도 상태에 있는 사람들이 반드시 적절한 치료와 도움을 받아야 한다는 것을 강조하기 위해서일 것입니다.

"저도 가까운 사람한테 이야기하고 위로받고 싶을 때
가 있어요. 그런데 상대방이 그 순간의 내 모습만을 기
억할 것 같다는 생각이 들어요. 아파하고 힘들어하는 모
습만을요. 나를 늘 고통 속에 있는 사람으로 볼까봐 이
야기하기 힘들어요."

애도는 시간에 따라 변화무쌍하며, 고정된 것이 아닙니다. 사
별자들은 위로받고 싶으면서도 동시에 위로받는 처지가 된 자신
의 상황을 받아들이기 힘들어하기도 합니다. 애도는 예측 가능한
단계가 아니라 역동적인 과정입니다. 롤러코스터나 요동치는 파

도에 비유하는 경우도 많습니다. 오르락내리락, 밀려오고 밀려가는 마음 상태의 반복이라고 할까요. 물론 시간이 지날수록 놀이기구가 낙하하는 속도와 간격, 파도의 높낮이는 줄어들겠죠.

대중적으로 가장 많이 알려진 애도 관련 연구자는 엘리자베스 퀴블러로스Elisabeth Kübler-Ross입니다. 죽음을 받아들이는 부정-분노-타협-우울-수용의 5단계 모델을 제시한 스위스 출신의 정신의학자이죠. 이 이론이 변형되어 '이별을 받아들이는 5단계' 또는 '애도의 5단계'로 사용되기도 합니다. 하지만 대중적인 인지도에 비해 실제 전문가들 사이에서 널리 사용되는 모델은 아닙니다. 이런 단계 이론은 각 단계를 애도 과정에서 차근차근 밟아야 할 과제로 생각하게 만들기 쉽기 때문이죠. 앞서 말씀드렸듯이 애도는 고정적이고 순차적이며 선형적인 것이 아닙니다. "자, 이제 죽음에 대한 부정이 끝났어. 다음에는 분노하겠구나. 이 정도면 좀 수용해야 하지 않을까?" 이렇게 될 수 없다는 것이죠. 단계 이론을 거칠게 적용하면 자칫 사별자들이 느끼는 실제 경험을 왜곡하거나 사별자 자신이 겪는 경험을 소외시킬 수도 있습니다.

애도에 꼭 밟고 건너야 할 고정된 단계가 있는 것은 아니지만 애도 과정에서 꼭 해야 할 일들은 있습니다. 그래서 어떤 애도 이론가는 '애도는 치열한 노동이다'라고 말하기도 했습니다. 그 죽음을 어떻게 기억할지 적극적으로 치열하게 애쓰는 것이 애도입니다. 사별 직후 숨조차 쉬기 힘든 아픈 시간을 보내고, 그 사람이 이제 내 곁에 없다는 사실을 받아들이고, 그 사람의 빈자리를 바라보지만 그 빈자리를 두려워하지 않는 상태에 이르기 위해 무엇을 해야 할까요?

가장 중요한 과제는 '상실을 현실로 받아들이기'입니다. 상실을 현실로 받아들인다는 것은 어찌 보면 아주 단순하게 여겨집니다. 당장 내 옆에 존재하지 않아 만질 수도 대화할 수도 없는데 어떻게 현실로 받아들이지 못하는 걸까 생각하기 쉽지만, 실제 마음으로 이 부재를 받아들이기까지는 꽤 긴 시간이 필요합니다. 특히 예기치 못한 갑작스러운 죽음은 현실로 받아들이기 위해 혹독하게도 오랜 시간이 걸립니다.

여기서 중요한 점은 고인의 사망 방식이 애도 과정에 미치는 파급력이 꽤 크다는 것입니다. 갑작스럽게 암 진단을 받고 상태가 급격히 나빠진 아버지를 떠나보낸 자녀분이 있었습니다. 최선을 다해 아버지를 간병하며 마지막을 함께했음에도 아버지에게 해드리지 못했던 일들이 떠올라 자책하고 있었습니다. 1년이 지났지만 아버지의 부재가 마음으로 잘 받아들여지지 않는다면서 상담을 받았습니다. 1년간 함께 준비한 상실도 받아들이기 어려운데, 하물며 이유를 알 수 없는 가족의 자살을 받아들이는 것은 더더욱 어렵습니다. 그래서 상실을 받아들이려는 시도조차 하지 않는 경우가 많습니다. 고인의 죽음이 내 경험의 일부가 되지 못하고, 그 죽음이 내 삶 전체를 휘두르도록 놔두는 것이죠.

우리는 흔히 '머리로는 알겠는데 가슴으로는 도저히 받아들일 수 없다'라는 말을 하곤 합니다. 특히 자살 사별이 그렇습니다. 더욱이 그 죽음 자체에 대한 해석부터가 불가능한 경우가 많습니다. 사별자가 적극적으로 죽음의 정황을 생각하면서 그 죽음을 나에게 일어난 현실로 이해해야 하지만, 죽음 근처에 가면 자신이 타 죽을 것 같은 마음이 들어 그저 일어나지 않은 일처럼 외면하고 회피하고 싶은 마음이 듭니다.

남편과 갑작스럽게 사별한 지 얼마 지나지 않아 상담실에 찾아온 분이 너무 담담하게, 심지어 중간중간 웃음을 터뜨리며 그날 일을 털어놓았습니다. 사별 직후에는 많은 자살 사별자들이 이게 꿈인지 생시인지 잘 모르는 경우가 많고, 내담자분도 그런 상태인 것 같다고 말씀드리니 그분께서 그냥 기가 막히고 황당해서 웃음밖에 나오지 않는다고 했습니다.

자식을 자살로 잃은 한 내담자는 숨을 헐떡이며 간신히 입을 떼어 그날 일에 대해 말했습니다. "선생님, 눈을 뜨면 시계만 바라봐요. 시간이 너무너무 무거워요"라고 하더라고요. 아주 조금 말씀하셨을 뿐인데 말을 이어 하기 힘들 정도의 신체 반응을 보였습니다. 함께 호흡을 조절하며 내담자를 안정시키고 이야기를 들었습니다. 아침에 눈을 떠 새롭게 시작하는 24시간이 무섭다고, 멍하니 앉아 시곗바늘만 바라보고 있는데 그 시간조차 너무도 무겁게 흐른다고 했습니다. 자식 일을 생각하지 않으려고 멍하니 시곗바늘만 보기도 하고 성경의 같은 문장을 반복해서 베껴 쓰기도 한다고 했어요.

고인과의 관계에 따라, 그 관계의 깊이에 따라 조금씩 차이가 있겠지만 떠난 사람이 돌아오지 않는다는 것을 인정하기까지 누군가에게는 몇개월, 누군가에게는 몇년의 시간이 필요하기도 합니다. 처음 저를 찾아오는 분들은 빨리 이 고통을 '극복'하고 싶다고 합니다. 슬픔을 극복하는 방법을 알려달라고 부탁하죠. 그리고 다른 사람들은 어떻게 이 고통을 극복했는지 알고 싶어합니다. 저는 사별에 따라오는 마음의 아픔들은 극복의 대상이 아니라고 말씀드립니다. 한동안은 사별의 고통을 그저 온몸으로 맞을 수밖에 없다고요. 제가 하는 일은 사별자가 안전하게 그 고통을 통과하도록 곁에서 함께하는 것입니다.

죽음을 현실로 인정하기 위해서는 그 죽음이 가져온 아픔을 그대로 겪어내야 합니다. 애도 과정에서 꼭 해야 할 두번째 과업은 바로 '사별이 가져온 모든 변화에 그대로 반응하기'입니다. 사별 상실은 피하고 싶어도 피할 길이 없어요. 어떤 요령이나 지름길이 있지도 않습니다. 안타깝게도 제가 고통을 느끼지 않게 해드릴 수 없어요. 오히려 손을 잡고 고통 앞으로 함께 다가가 왜 이렇게 고통스러운지, 이 사별이 당신에게 어떤 변화를 가져왔기에 이토록 힘든지를 볼 수 있도록 도와드리는 것이 저의 일입니다.

아내를 잃은 남편분께서 "이 시기를 잘 이겨낼 수 있는 지혜를 얻고 싶어서 왔습니다"라며 저를 찾아왔습니다. 보통 첫 상담에서 애도와 애도 과정에 대한 간단한 지식을 알기 쉽게 전달해 드리는 심리교육psychoeducation 시간을 갖습니다. 그분께도 사별을 현실로 받아들여야 하고, 그러기 위해서는 아내가 당신 곁에 없다는 상실의 아픔을 그대로 겪는 절대적인 시간이 필요하다고 말씀드렸죠. 그분은 아내의 빈자리를 생각하면 너무 괴롭고 힘들어서 가급적 생각을 하지 않으려고 술을 마신다고 했습니다. 내담자의 부모도 빨리 아내를 잊으라고 장례가 끝나자마자 아내의 물건을 몽땅 다 치워버렸다고 하고요. 제가 여쭤보았습니다. "왜 자꾸 아내를 잊으려고 하시나요? 고인을 잘 기억하면서 살 수는 없을까요?" 어떻게 수십년을 함께 산 배우자를 몇달 만에 잊을 수 있겠습니까.

내 일상 대부분을 공유한 존재를 아픔 없이 잊을 수 있는 방법이란 게 과연 존재할까요? 많은 자살 사별자들은 고인과 나누었던 추억을 마음속 카펫 밑이나 깊은 서랍 속에 꼭꼭 묻어 봉인해두고 싶어하지만 생각처럼 수월하게 되지 않습니다. 그 사람이 떠오를 만한 단서들은 일상 곳곳에 넘쳐나기 때문입니다. 내 머릿속의 지우개가 작동하지 않는 이상 봉인을 유지하기는 어렵습니다. 괜찮다 싶다가도 예상치 못한 순간에 카펫 밑과 서랍 속의 기억이 모두 되살아나 사별자를 압도해버릴 수도 있습니다. 그래서 저는 카펫을 들춰서 거기에 무슨 기억이 남아 있는지 살펴보자고 합니다. 봉인하고 싶은 그 기억을 잘 닦아서 눈에 보이는 곳에 꺼내놓자고 말씀드립니다.

의미 만들기라는 지도를 가지고

애도상담을 할 때면 사별자와 함께 지도를 가지고 길고 긴 여정을 떠납니다. 여기서 지도란 상담을 할 때의 이론적 배경과 같은 것이라고 할 수 있겠네요. 저는 정신의학자 존 느마이어John C. Nemiah와 다이애나 샌즈Diana C. Sands의 이론에 기댄, '의미의 재구성'이라는 지도를 사용합니다. 제가 의미 만들기meaning making 이야기를 하면 늘 떠오르는 내담자가 있습니다. 저를 만나기 전 종교 관련 기관에서 상담을 받았던 분입니다. 어린 자식을 자살로 잃고 몸부림치던 그분은 '신이 주신 고통에는 의미가 있으니 그 의미를 찾아보라'라는 말을 듣고 몹시 화가 났다고 합니다. "도대체 고통에 무슨 의미가 있어요? 너무 잔인한 말 아닌가요? 모든 것이 무의미한데, 내 삶이 이제 여기서 끝인데 무슨 의미를 찾으라는 겁니까?"

영국의 시인 오든[W. H. Auden]의 시 「장례식 블루스」[Funeral Blues]에 이런 구절이 나옵니다.

> 이제 별들은 필요 없으니 모두 사라져라.
>
> 달을 싸버리고 해를 치워버려라.
>
> 바닷물을 말려버리고 숲을 없애버려라.
>
> 이제는 아무것도 소용이 없으니.

이처럼 세상 모든 것이 쓸모없어진 듯 느끼는 사별자에게 '의미' 따위의 이야기는 오히려 폭력적으로 느껴질 수 있습니다.

자살 사별은 남겨진 사람의 삶의 스토리라인을 완전히 무너뜨리는 일입니다. 나와 세상과 사람들에 대해 가지고 있던 모든 생각과 믿음이 무너지는 일입니다. 사랑, 우정, 친밀감, 책임감, 희망, 꿈에 대한 생각도 완전히 바뀌게 됩니다.

자살 사별자들은 흔히 폭탄을 맞은 것 같다는 표현을 합니다. 폭탄을 맞아 산산조각 난 파편들이 당장 어디에 얼마큼 떨어져 있는지 감이 오지 않지만, 우선 조각들을 하나씩 찾아 나서야 합니다. 조각들을 어딘가에 쓸어 담아 카펫 밑에 처박아두는 것이 아니라, 적극적으로 헤집고 들여다보아야 합니다. 그러려면 치열한 애도의 노동이 필요하겠죠.

이때 우리는 두가지 중요한 이야기 주제를 생각해야 하는데, 바로 사건 이야기 event story와 배경 이야기 back story 입니다. 사건 이야기는 죽음이라는 사건 그 자체에 대한 이야기이고, 배경 이야기는 고인과 나의 관계에 대한 이야기입니다. 완전히 무너진 삶의 의미를 재구성하기 위해서는 비록 고통스러울지라도 그 사건과, 그 사람과 나의 관계를 떠올려야 합니다.

사건 이야기는 예를 들면 이런 것이죠. 고인이 언제 어떻게 사망했는지, 사망 소식을 들었을 때 사별자는 어디서 무얼 하고 있었는지, 누가 발견했고 시신은 어떻게 수습했는지, 부고를 누구에게까지 전했는지, 자살이라는 사실을 누구에게 어떻게 알렸는지, 알리지 못했다면 왜 알릴 수 없었는지, 알렸다면 주변 사람들의 반응은 어땠는지, 장례식에서는 어떤 일들이 있었는지, 고인의 유골은 어디에 어떻게 안치했는지, 그 과정에서 후회되는 부분은 없는지, 혹시나 주변 사람들의 무례한 언사로 상처받지는 않았는지, 그때 위로를 보내준 사람들이 있었는지, 그 사람들의 어떤 말과 행동이 위로가 되었는지, 사망 직후 일상을 어떻게 보내고 있는지 등등 말이죠.

더 나아가 사별자가 생각하는 죽음의 이유들을 들어보아야 합니다. 물론 사망 직전 고인의 삶의 궤적을 모두 다 알 수는 없습니다. 그래도 남겨진 사람들이 무엇을 모르고 무엇을 알고 있는지를 확인해보는 일은 필요합니다. 알고 있는 것을 기초로 지금이 순간 사별자가 생각하기에 고인을 죽음으로 몰아갔던 이유들은 무엇인지 말할 수 있도록 하는 거죠. 애도 과정에 따라 고인의 죽음에 대한 이유들은 계속 달라질 수 있습니다. 사별한 지 한달이 지났을 때와 석달이 지났을 때 추정하는 죽음의 이유는 계속 변합니다.

배경 이야기는 고인과 나, 고인과 세상의 관계에 대한 이야기입니다. 비록 물리적인 존재는 없지만 고인의 어떤 모습을 어떻게 기억하고 의식하며 감정적으로 유대를 맺을 수 있을지에 관한 이야기입니다. 예를 들면 고인과의 관계에서 어떤 기억이 고통과 죄책감을 불러일으키는지, 고인에게 용서를 구할 일이 있는지, 있다면 어떤 형태로 용서를 구하고 받을 수 있을지, 즐거움과 안정감, 자랑스러움을 준 기억은 무엇인지, 사별자가 좋아하고 사랑했던 고인의 장점과 특징은 어떤 것이 있는지, 나의 미래에 고인의 어떤 목소리를 가지고 갈 것인지에 대한 답을 해봅니다. 이런 과정에서 고인은 사별자의 삶에 다시 초대되고 기억됩니다.

비극적인 엔딩이었을지라도 죽음 이전까지 고인의 삶은 고인에게도 사별자에게도 결코 사라질 수 없습니다. 제대로 잘 기억하기 위해 고인과 어떤 관계를 맺으면 좋을지 생각해보는 과정이 꼭 필요합니다.

사건 이야기와 배경 이야기는 자살 사별이 아니라 다른 사별에도 적용할 수 있는 상담의 지도입니다. 자살 사별에 좀더 특화되어 지도를 상세화한 것이 다이애나 샌즈가 고안한 자살 사별의 삼제 모형 tripartite model of suicide bereavement, TMSB 입니다. 고인-나-세상의 관계 맺기 과정에 대한 것인데요. 이 모델을 만든 샌즈는 '신발 신어보기'라는 비유로 이를 설명하기도 했습니다.

샌즈의 자살 사별의 삼제 모형을 좀더 자세히 살펴봅시다. 첫 번째 단계는 '신발 신어보기'입니다. 여기서 신발은 고인의 죽음, 자살 사건을 일컫는 비유입니다. 자살은 고인이 의도적으로 자기의 목숨을 끊었다는 의도성이 사별자의 애도 과정에 압도적인 영향을 미치는 사건입니다. '도대체 왜?'라는 질문이 머릿속에서 떠나지 않습니다. 고통스러울 정도로 궁금하죠. 앞서 사별 직후 탐정이 되어 고인의 행적을 추적하는 사별자들이 있으며 이는 자살 사별에 자연스럽게 동반되는 애도 행동이라고 말씀드리기도 했습니다.

고인의 신발을 신어보고 고인의 죽음과 마지막을 상상해보는 겁니다. 신발을 신기 전까지는 감정의 소용돌이 속에서 고인의 죽음에 대해 알아볼까 말까 계속 고민합니다. '이유를 알면 더 괴롭지 않을까? 신발을 신어보면 알 수는 있을까?' 등등 말이죠. 그러나 아무리 헤어나오려고 해도 죽음 직전 그 사람이 느꼈을 고통이 자꾸 생각납니다. 이제 고인의 신발을 신습니다. 죄책감, 혼란, 슬픔, 원망, 두려움, 자기비난, 때로는 아무것도 느낄 수 없는 빈 감정까지… 신발을 신고 나면 그전까지 느꼈던 내 감정에서 한발짝 물러나 고인이 죽음 직전 느꼈을 듯한 감정을 추측할 수 있게 됩니다.

많은 사별자가 고인의 자살 직전 '얼마나 외롭고 쓸쓸하고 고독했을까?' '얼마나 무서웠을까?' 같은 질문을 머릿속에서 수도 없이 반복합니다. 그리고 그때의 고통을 온몸으로 느껴요. 자택에서 사망한 가족을 둔 어느 분은 고인이 했던 그날의 행동들을 머릿속에서 끝없이 되풀이해보았다고 합니다. 고인의 마지막을 보았을 반려견을 앞에 두고 "너는 뭘 봤니? 그날 어땠어?"라고 물어보았다고 합니다. 도대체 왜 그런 선택을 했는지 이유를 알 수 없는 자살의 속성 때문에 남겨진 사람들은 어쩔 수 없이 고인이 신었던 그 신발을 신어보아야 합니다.

자, 이제부터는 신발을 신고 걸어보겠습니다. 죽음 직전의 상황에서 좀더 확장해 고인이 죽음에 이르기까지 어떤 삶을 살아온 사람이었는지 떠올려보아야 합니다. 이 과정에서 자연스럽게 나와 고인 사이의 수많은 이야기가 나오게 됩니다. 고인의 신발을 신고 걷다보면 자연스럽게 맞닥뜨리게 되는 '블라인드 스팟'blind spot, 즉 미처 생각지 못했던 사각지대가 있습니다. 자식이라도, 형제라도, 배우자라도, 아무리 가까운 사이라도 고인의 고통 속에는 결코 알 수도 다가갈 수도 없는 지점이 있다는 걸 알게 됩니다.

외국의 자살 유가족 교육 동영상에 출연한 한 사별자가 이런 이야기를 하더라고요. 아이를 잃고 한동안은 엄마로서 아이가 죽음에 이를 때까지 아무것도 몰랐다는 사실에 몹시 괴로워했다고 말이죠. 하지만 내 아이가 겪었던 어떤 마음의 고통은 검은 막 같은 것으로 둘러싸여 있어서 밖에서는 도저히 닿을 수 없었다고 합니다. 이제 돌이킬 수 없는 사랑하는 사람의 죽음 앞에서, 알았더라면 너무 좋았겠지만 알 수도 도달할 수도 없는 맹점이 있다는 사실을 받아들여야 합니다. 블라인드 스팟을 인정하면 '만약 그랬더라면' 자살을 막을 수 있었으리라 생각되는 수천가지 가정을 조금은 내려놓을 수 있게 됩니다.

마지막으로 고인의 신발을 벗습니다. 그리고 그 신발을 사별자 마음속 어딘가에 잘 넣어두어야 합니다. 사별자의 삶 전체가 고인의 신발로 가득 차서는 안 됩니다. 안전하고 좋은 곳에 고인의 신발을 두고, 다른 사람들도 들어올 수 있는 공간을 마련합니다. 다른 사람에게 고인을 소개할 수 있어야 합니다. 여전히 아프긴 하지만 고통스럽지는 않게 고인을 기억할 수 있어야 합니다. 마음속에 잘 놓아둔 고인의 신발을 바라보면 고인과 나누었던 사소하지만 즐거웠던 추억도 떠오릅니다.

저는 1년 넘게 상담실에서 만났던 한 사별자와 고인의 신발을 신고 함께 걸었습니다. 그분은 몇번이고 벗어던지고 도망치고 싶었던 순간들을 견디고 견뎌 마침내 신발을 고이 벗어놓을 수 있게 되었습니다. 때가 되자 이런 말씀을 했습니다. "예전 사진첩을 정리하다가 동생과 제가 활짝 웃고 장난치는 사진들을 찾았어요. 동영상들도 있고요. 아, 애랑 나랑 이렇게 친하게, 살갑게 웃었던 순간들도 있었구나… 이제는 그런 기억들도 잘 떠올라요."

정치철학자 한나 아렌트^{Hannah Arendt}가 『인간의 조건』에서 인용한 "모든 슬픔은, 말로 옮겨 이야기로 만들거나 그에 관해 이야기한다면 참을 수 있다"라는 구절을 좋아합니다. 신발을 신고, 걷고, 벗어두는 이 모든 과정에서 사별자가 하는 이야기들은 사별자의 삶의 스토리라인을 회복하는 과정이라고 생각합니다. 그리고 고인에 대해 평생 가져갈 수 있는 이야기, 상실을 견디게 해주는 이야기를 만드는 과정이 아닐까요?

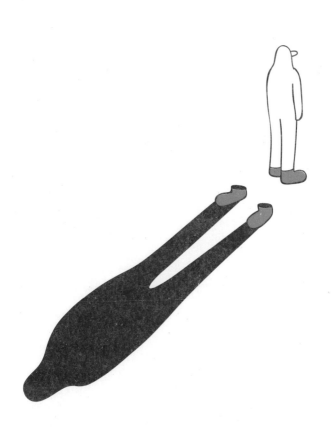

저에게 상담을 받으러 오는 분들에게 권하는 영화를 몇편 소
개할까 합니다. 제가 사별자의 상실 경험에 처음부터 끝까지 공
감하기는 힘들겠죠. 내담자들의 이야기를 듣다보면 차마 이해한
다고 말하기 어려운, 당사자가 아니면 결코 알 수 없는 힘든 경험
들이 굉장히 많거든요. 때로는 영화나 소설 같은 예술작품을 통
한 간접경험이 상담보다 도움이 되기도 합니다.

"2014년 12월 1일 아침, 폭탄을 맞아 내 몸에 커다란 구멍이
났다." 한 내담자분이 보낸 문자 메시지입니다. 글과 함께 구멍이
뻥 뚫린 사람 그림도 함께 보내셨습니다. 많은 사별자들은 이처
럼 갑작스러운 사별 경험을 '폭탄 맞은 것 같다'라고 표현하곤 합

니다.

2015년에 개봉한 「라우더 댄 밤즈」Louder Than Bombs라는 영화가 있습니다. 이 영화는 종군기자였던 이자벨의 죽음 이후 남겨진 가족들의 일상을 보여줍니다. 앞서 말씀드린 것처럼 폭탄의 잔해를 수습하지 못한 가족들이 마음속 카펫 밑에 조각들을 그대로 쓸어 넣고 덮어둔 채 3년의 시간이 흘렀습니다. 엄마가 사망할 당시 어린 나이였던 이자벨의 막내아들 콘래드는 엄마의 죽음을 제대로 알지 못한 채 청소년이 되었습니다. 모든 일에 조금씩 어긋나 있는 막내아들 콘래드를 제외하면 이자벨의 남편 진과 큰아들 조나는 각자의 일상을 잘 살고 있는 것처럼 보입니다.

엄마의 죽음이 의심스럽지만 제대로 묻지 못했고, 엄마의 부재에 대한 슬픔을 억눌러야만 했던 콘래드는 왜곡된 방식으로 자신의 마음을 표현합니다. 아빠는 이런 아들을 걱정하지만 뭘 어떻게 해야 할지 모릅니다. 이자벨의 죽음 3주기 무렵, 이자벨의 동료가 그의 죽음이 사고가 아닌 자살이었다는 진실을 기사화하고 싶어하면서 그럭저럭 굴러가는 듯 보이던 일상에 균열이 시작됩니다. 이자벨의 가족은 더이상 카펫을 마냥 덮어둘 수 없습니다. 각자가 수습한 폭탄의 파편들을 서로에게 보여주어야 합니다.

때로 사별자들은 "너는 왜 그것밖에 아프지 않느냐"라면서 다른 가족의 애도 과정을 비난하고 원망하기도 합니다. 상담을 하다보면 관계에 따라 고인에 대한 기억과 죽음에 느끼는 감정과 생각이 매우 다르다는 것을 알게 됩니다. 덜 아픈 사람과 더 아픈 사람이 있다는 것이 아니라, 그 죽음을 생각하면 가슴이 아파오는 영역이 다르다고나 할까요. 어떤 죽음을 둘러싸고 고인의 배우자는 애도 과정 1호선을 타고 있고, 자녀는 2호선을 타고 있기도 합니다. 때때로 만나기도 하겠지만 애도 여정에서 거쳐가는 역은 모두 다를 수 있습니다. 이 영화는 바로 그 다름을 섬세하게 보여줍니다.

또 추천하고 싶은 영화는 「코코」Coco, 2017라는 디즈니 애니메이션입니다. 이 영화는 살아 있는 사람들, 남겨진 사람들이 어떻게 고인을 기억해야 하는지를 이야기하고 있습니다. 멕시코 사람들은 '죽은 자들의 날'을 기념합니다. 이날이 되면 세상을 떠난 가족들이 메리골드라는 꽃으로 만든 꽃길을 밟고 산 자들의 땅으로 건너와 후손을 방문한다고 믿는다고 해요. 메리골드의 꽃말은 '이별' 그리고 '꼭 오고야 말 행복'입니다. 이 영화는 꽃이 이어주는 저승의 세계를 어둡고 칙칙하지 않은, 우리의 삶과 이어진 아름다운 세상이자 죽음 이후의 새로운 삶으로 그리고 있습니다. 자살 사별 이후 죽음에 대한 생각을 피하고만 싶어하는 분들에게 이 영화가 도움이 되리라 생각합니다. 제가 중앙심리부검센터에 근무할 때 자살 유가족들을 위한 팸플릿에 "얘기해도 괜찮아요. 기억해도 괜찮아요. 함께해도 괜찮아요(얘·기·함)"라는 문구를 만들어 넣은 적이 있는데, 「코코」는 이 세가지가 적절히 잘 들어간 영화라고 생각합니다.

하지만 이 영화에 대한 반응은 사별 기간에 따라, 그에 따른 애도 과정에 따라 매우 달랐습니다. 어떤 분은 영화 홍보 영상만 보고도 너무 많이 울었다고 말씀하시면서 영화를 보고 싶지만 어떤 내용이 나올까 무섭기도 하고 끝까지 볼 자신도 없다고 했습니다. 사별자들은 사별 직후 한동안 자살이나 죽음에 관한 어떤 것도 읽거나 보지 못하는 경우가 많습니다.

반면 자살 사별 직후의 극심한 고통이나 고인이 자살했다는 압도적인 사실에서 벗어나 내 곁에 없는 사람이 되었다는 상실 그 자체를 생각해보게 된 분들은 「코코」가 큰 위로가 되었다고 합니다. 더이상 볼 수도 만질 수도 없는 내 기억 속 사람과 일상에서 어떻게 관계를 맺어야 하는지 보여주기 때문인 것 같습니다.

처음 영화를 추천해드렸던 당시 이 영화를 보지 못하겠다고 토로하셨던 분과 2년 후 다시 만날 기회가 있었습니다. 웃으면서 말씀하시더라고요. "선생님, 저 드디어 「코코」 봤어요!" 그리고 기쁜 일이 생겼을 때면 먼저 떠난 이를 떠올리며 속으로 '당신 이 좋은 거 못 봐서 어떡해? 그러게 왜 먼저 갔어?'라고 면박을 줄 정도의 여유가 생겼다고 했습니다. 그 사람이 없는 봄에 피어난 꽃을 예쁘다고 생각하는 것만으로 죄책감을 느꼈던 분이 이제 삶 에서 고인을 자연스럽게 떠올릴 수 있게 되었습니다.

넷플릭스에 올라온 영상 중 「이블린」Evelyn, 2018이라는 다큐멘 터리도 종종 추천해드립니다. 감독 오를란도 폰 아인지델Orland von Einsiedel은 이 다큐멘터리를 촬영하기 십수년 전 조현병을 앓던 동 생을 자살로 잃었습니다. 감독은 주로 생과 사를 오가는 분쟁지 역의 모습을 담는 다큐멘터리를 촬영하는데, 정작 동생의 죽음에 대해서는 그동안 단 한마디도 할 수 없었다고 해요. 동생의 이름 인 '이블린'을 언급하는 것조차 너무 힘들어서 그 이야기는 일절 피했다고요. 그러다 13년 만에 지금껏 외면했던 진실을 직면하기 로 합니다. 영상은 카메라 앞에 앉은 감독이 처음으로 동생의 검 시 보고서를 읽는 것으로 시작합니다. 피하고 싶고 덮어만 두고 싶었던 그 이름을 부르는, 이블린 가족의 애도 여정을 담은 이 다 큐멘터리를 추천하고 싶습니다.

가족들은 이블린이 살아 있을 때 함께 걸었던 길을 그가 없는 지금 그를 기억하며 다시 걸어갑니다. 이블린에 대해, 이블린의 죽음에 대해 각자 가지고 있는 조금씩 다른 기억, 때로는 무겁고 때로는 소소한 기억들을 공유하면서 울기도 하고 화를 내기도 합니다. 이블린의 죽음을 두고 각자가 느꼈던 죄책감과 서로에 대한 원망 등 혼자 감당하기엔 힘들었을 감정들을 조금씩 털어놓습니다. 이 여정에는 이블린의 사망 당시 상황을 잘 몰랐던 이혼한 아버지 커플이 함께하기도 하고, 이블린의 친구들이 함께하기도 합니다. 때로는 여행 도중에 만난 낯선 사람들이 얼굴도 알지 못하는 이블린의 죽음을 애도해주고 그들이 겪었던 사별 경험을 이야기해주기도 합니다.

여행의 끝에 이블린의 동생 그웨니는 이렇게까지 했음에도 마음이 편해지지 않는다고 고백합니다. 제가 이 다큐멘터리를 좋아하고 내담자들에게 추천하는 이유이기도 합니다. 이 다큐멘터리는 이제 겨우 피하지 않고 '이블린'의 이름을 부르게 된 사람들, 그리고 지워졌던 이블린이 가족으로 다시 존재하게 되는 과정을 보여줍니다. 하지만 이것은 애도의 시작일 뿐 그것만으로 치유와 회복이 완료되는 것은 아니라고 말하고 있습니다.

고통 속에 있는 사람들에게 우리는 너무도 쉽게 "용기 내어 빨리 극복해라"라고 말하곤 합니다. 고통을 이겨내고 어서 정신 차리라고 말이에요. 제가 만나는 내담자들이 가장 듣기 싫어하는 말이 '정신 차리라'라는 말입니다. 우리는 당사자에게 대단히 해주는 일도, 해줄 수 있는 일도 없으면서 그들이 힘들어하는 모습을 지켜보지 못하는 것 같아요.

어떤 사람들은 그저 '내가 당신에게 위로를 했다'라는 것을 보여주기 위해 뻔하디뻔한 말을 던집니다. "살려면 어쩌겠어. 용서해야지. 이해해야지. 받아들여야지. 기운 내야지." 이런 말들이요. 이런 말들은 한쪽 끝을 잡지 않고 던져버리는 구명부표와도 같습니다. 구명부표를 잡든 말든 그건 위기에 빠진 당신이 알아서 할 문제고, 나는 부표를 던졌으니 할 일을 다했다는 무책임한 태도이죠.

말보다는 행동이 더 큰 위로가 될 때가 있습니다. 어떤 분은 매일 아침 반찬통을 문 앞에 걸어놓거나 자기 대신 자녀의 등하교를 챙겨주고 숙제를 봐주던 이웃 덕분에 그나마 숨을 쉬고 버틸 수 있는 힘이 생겼다고 합니다. 사별 직후 6개월 정도는 이렇게 사별자의 일상생활을 챙겨주며 말없이 조력하는 위로가 큰 도움이 되는 것 같습니다.

사별자들은 다른 사람에게 먼저 다가가서 무언가를 해달라고 요청하기 어렵습니다. 그러니 주변의 누군가가 사별로 고통스러워하고 있다면 밥은 먹고 있는지, 잠은 잘 자는지 먼저 챙겨주세요. 어설픈 말보다는 이런 돌봄의 행동이 사별자에게 도움이 됩니다. 그리고 언제나 필요할 때 부르라고, 끝까지 이야기를 들어줄 수 있다고 말해주세요.

고통에서 벗어나는 시기는 사람마다 다 다릅니다. 고인과의 관계에 따라서, 고인이 당사자에게 어떤 의미였느냐에 따라서 애도의 시간은 1년이 될 수도, 3년이 될 수도, 10년이 될 수도 있습니다. 너무 오래 힘들어한다고 이상하게 생각하지 마세요. 그 사람에게는 그만큼의 시간이 필요한 겁니다. 다만 그 시간 동안 사별자가 자신에게 해가 되는 행동을 하거나 마치 그들의 삶이 없는 것처럼 행동한다면 전문가의 도움을 받을 수 있도록 설득해주세요.

중앙심리부검센터에서 유가족을 대상으로 사별 이후 가장 도움이 되었던 말이 무엇인지 조사했습니다. 1위는 "얼마나 힘드니? 마음껏 울어도 돼. 괜찮아"였다고 합니다. 이것도 사실 조사 결과일 뿐이지, 모든 사람에게 공통적으로 적용할 수 있는 말은 아닌 것 같아요. 말하는 사람이 누구냐에 따라, 그 이야기를 듣는 사별자가 어느 애도 과정에 있느냐에 따라 누군가는 위로를 받고, 누군가는 오히려 더 괴로워지기도 하니까요. 내담자 한분은 이런 말을 하더라고요. "제 주변 사람들은 얼마나 힘들까요? 제 감정이 요란하게 널뛰다보니 어느 장단에 맞춰야 할지 몰라 혼란스러울 것 같아요. 사람들은 정작 위로해주었으면 할 때는 가만히 있고, 이제 입 좀 다물고 그만 좀 내버려두었으면 할 때는 위로를 해요. 제가 사람들을 편안히 대할 수가 없어요." 정확한 시기에 필요한 위로를 건네는 일은 쉽지 않습니다. 다만 우리가 꼭 알아야 하는 점은 사별자들은 무척 괴롭고 혼란스러운 시기를 겪고 있다는 것이며, 어떤 감정을 느끼든 그게 자연스럽고 당연하다는 것을 이해해주어야 합니다.

처음 강연 시작할 때 제가 모든 자살 사별자의 애도 과정을 다 말씀드릴 수는 없다고 했습니다. 제 짧은 공부와, 상담실에 찾아왔던 내담자들과의 상담 경험을 기초로 말씀드릴 뿐입니다. 예전에 경찰서를 찾아다니며 심리부검 면담을 홍보했는데 그때 어떤 경찰관이 이런 말씀을 했습니다. "가족이 자살하면 다 슬플 것 같죠? 아니요. 괴롭히는 사람이 없어져서 더 편안해진 사람도 있어요"라고요. 제가 출연했던 「거리의 만찬」 방송 클립에 달린 댓글도 보았습니다. "저렇게 나와서 이야기할 수 있는 걸 보니 관계가 좋았나보네요." 저는 상담을 하거나 교육을 할 때 이런 경험을 종종 떠올리곤 합니다. 혹시 제 말이 와닿지 않거든 그건 여러분이 다른 자살 사별자와 뭔가 다르거나 잘못되었기 때문이 아니며, 여러분의 경험과 감정 그 자체로 표현하고 위로받을 권리가 있다는 사실을 꼭 기억했으면 좋겠습니다.

제가 함께하는 자살 사별자 자조모임은 매달 첫째주 수요일 저녁 7시에 열립니다. 같은 경험을 한 사람들이 곁에 앉아 있고, 그 경험을 아주 구체적으로 말하지 않아도 어떤 마음이라는 것을 충분히 알아줄 수 있는 사람들과 함께한다는 것만으로도 참석자들이 커다란 위로를 받는 것 같습니다. 때로는 먼저 이 시기를 거쳐간 사람의 이야기를 통해 구체적인 도움을 받기도 합니다. 예를 들면 "고인의 휴대폰 번호를 계속 살려두는 게 좋을까요? 유품 중 어떤 것을 얼마큼 남겨두는 게 좋을까요? 1주기를 꼭 지내야 할까요?" 같은 질문들에 대한 답을 들을 수 있죠.

무엇보다 중요한 것은 참석자들이 다른 사별자들과 이야기를 나누며 고인과 다른 관계에 놓인 사람들의 관점을 듣게 되고, 이전까지 이해할 수 없었던 다른 사별자를 조금씩 이해하는 계기가 된다는 것입니다. 결혼한 형제의 죽음 이후 그 배우자를 원망하는 마음이 들었던 분, 배우자의 죽음에 대해 배우자 가족에게 미움과 섭섭함을 표현했던 분이 함께 참석했던 모임이 기억납니다. 모임을 마치고 소감을 나누는 시간에 그분들은 '그동안 내가 알지 못했고, 알고 싶지 않았던 각자 몫의 아픔이 있다'라는 것을 알게 되었다고 했습니다.

때로 감당하기 힘든 심리적 고통은 타인의 고통을 공유할 만한 마음의 공간을 남겨두지 않기도 합니다. 자조모임은 다른 사별자가 경험한 죽음 이야기와 경험에 반복적으로 노출되는 시간이기도 합니다. 어떤 분에게는 그 시간이 괴로울 수도 있습니다. 자조모임은 치료나 상담이 아니라 사별자 스스로 서로를 위로하고 지지하는 자리입니다. 사별자에 따라 자조모임만으로 애도 과정에 충분한 도움을 받을 수도 있고, 자조모임보다 좀더 전문적인 도움이 필요할 수도 있습니다. 다른 사별자들과 공명되지 않는다고 해서 자신의 경험이 잘못되었다거나 이상한 것은 아니라는 점을 말씀드리고 싶어요.

자조모임을 시작하기 전 '유족 권리장전'*을 꼭 읽고 시작합니다. 참여하는 분들은 마음에 와닿는 문장이 매번 달라진다고 해요. 저는 사별자뿐 아니라 우리 모두가 유족 권리장전의 모든 말을 반드시 기억해야 한다고 생각합니다.

* Jeffrey Jackson, *SOS: A handbook for survivors of suicide*, American Association of Suicidology(AAS) 2003.

유족 권리장전

1. 나는 죄책감을 느끼지 않을 권리가 있다.

2. 나는 자살로 인한 죽음에 책임감을 느끼지 않을 권리가 있다.

3. 나는 내 느낌과 감정을 남이 받아들이기 힘들어할지라도 타인의 권리를 침해하지만 않는다면 이를 표현할 권리가 있다.

4. 나는 내 질문에 대해 권위자나 다른 가족들로부터 정직한 대답을 들을 권리가 있다.

5. 나는 다른 사람들이 내 슬픔을 덜어줄 수 있다는 생각에 속지 않을 권리가 있다.

6. 나는 희망을 유지할 권리가 있다.

7. 나는 평화와 존엄성을 유지할 권리가 있다.

8. 나는 자살로 떠난 사람의 죽음 직전 또는 죽음 당시의 상황과 관계없이 그 사람에 대한 좋은 감정을 가질 권리가 있다.

9. 나는 내 독자적인 인격을 유지하고 자살로 인한 죽음에 의해 판단받지 않을 권리가 있다.

10. 나는 내 감정을 있는 그대로 살펴보고 수용하는 단계로 나아갈 수 있도록 나를 도와줄 상담자와 지원 그룹을 찾을 권리가 있다.

11. 나는 새로운 시작을 할 권리가 있다. 나는 살 권리가 있다.

상담사에게
보내는
답장

동생의 죽음 이후 1년이 지나도록 집은 그대로였다. 동생 방은 특히 그랬다. 아플 때 항상 누워 있었던 침대, 널브러진 옷가지, 바르던 로션과 읽다 만 부분을 표시해둔 시집이 죽기 전과 똑같이 자리를 지키고 있었다. 동생이 문을 열고 뛰어내린 창문은 항상 블라인드로 가려져 있었다. 엄마는 블라인드가 고장 나서 올릴 수 없다고 했다. 엄마가 은행에 볼일이 있어 할 수 없이 집을 비우면 나는 블라인드를 올리고 창문을 꼼꼼히 살폈다. 어떻게 이 창문을 열었을까. 이 앞에 얼마나 오래 서 있었을까. 힌트가 남

* 애도상담을 받은 내담자가 직접 쓴 이야기로, 심리학 웹진 『내 삶의 심리학 마인드』에 수록된 내용을 옮깁니다.

아 있을까 싶었다. 빛이 들이치는 창에 바짝 붙어 사선으로 올려 다보면 높은 곳에 찍힌 몇개의 손자국이 보였다. 손바닥까지 꾹 눌러 찍힌 자국이다. 동생은 키가 크니까 손을 뻗어 창문에 기대면 저기쯤에 손자국이 남을 것 같다. 뻗은 팔에 머리를 기대고 서 있었을까? 엄마가 돌아올 시간이 되면 얼른 블라인드를 내렸다. 블라인드는 계속 고장 난 상태 그대로였다.

거실 창이 항상 닫혀 있으니까 숨이 막혔다. 학교에 갔다 집에 돌아오면 동굴로 들어가는 느낌이었다. 집은 적막하고, 엄마는 닫힌 공간을 무서워해서 방에도 들어가지 않는다. 거실에 이불을 펴두고 자고, 일어난 그 자리에 오래 앉아 있다가 약을 먹고 다시 잤다. 집에 돌아오면 엄마에게 오늘은 강아지 산책을 나갔는지, 요가를 다녀왔는지 물었다.

장례식장에서는 내내 "엄마 아빠 대신 네가 정신을 똑바로 차려야 한다"라는 말을 들었다. 내가 정신 차리고 있다는 걸 보여주고 싶어서였을까? 애도상담을 찾았다. 처음에는 나보다 엄마에게 도움이 필요하다고 생각했다. 엄마가 제 발로 상담소를 찾아갈 리 없으니 내가 먼저 다녀보고 권하려는 마음에서였다. 그러고는 얼마 지나지 않아 엄마를 도우려는 그 마음조차도 내 슬픔을 돌보지 못하게 막는 신경증적인 상태라는 걸 알게 되었다. 지금도 자살 사별자 자조모임에 나가면 엄마를 데려오려고 모임에 먼저 나와보았다는 딸들을 많이 만난다. 딸들은 언제나 이중작업을 해야 한다. 스스로 애도하면서 부모도 돌보는 것이다. 사람들은 부모를 잘 돌보라는 말만 한다. 시간이 조금 지난 지금은 내가 잘 애도해야 주위 사람들을 돌아볼 수 있다는 걸 안다.

아무도 이야기해주지 않지만 애도는 격렬한 노동이다. 상담 선생님은 더 태울 장작이 없을 때까지 활활 태워 재가 되게 만드는 것이 애도라고 했다. 마음속에 쌓인 장작들은 자꾸자꾸 나온다. 많은 사람들이 죽음을 발견한 순간이나 소식을 처음 들은 순간에 붙들려 있다. 동생이 뛰어내린 창 앞에 서 있던 나처럼 말이다.

그래도 애도라는 보이지 않는 노동을 계속하다보면 작지만 놀라운 일들이 생긴다. 어느날 집에 들어섰는데 현관으로 선선한 바람이 불어오는 게 느껴졌다. 영원히 잠긴 것 같았던 베란다 창문이 열려 있었다. 블라인드는 어정쩡하게 올라간 상태였다. 집 안에 공기가 도는 게 느껴졌다. 창문은 5분 후에 닫혔지만 남들 모르게 나만 알아차리는 순간들은 계속 생겼다. 어느날은 내가 동생의 옷을 꺼내 입었다. 동생은 멋진 옷을 모으는 걸 좋아했다. 부드러운 체크무늬 남방은 내가 선물해준 옷이고, 할리데이 비슷 청재킷은 인터넷 사이트를 돌아다니며 한달을 골라 산 옷이다. 그런 옷들을 꺼내 입었다. 엄마가 마음에 들어하지 않는다는 건 굳이 말하지 않아도 느껴졌다. 그래도 그냥 입었다. 내가 들여다보기 시작하자 그 옷들은 더이상 '처분해야 하는데 꺼내보기 두려운' 물건들이 아니게 되었다. 동생 생각을 억지로 누르지 않아도 되는 것처럼, 옷들도 자주 들여다보고 만질 수 있었다. 아빠는 오래도록 성경만 읽다가 어느날부터 오래된 사진과 비디오테이프들을 정리하기 시작했다.

각자의 속도대로 애도는 흘러간다. 동생이 죽은 그날부터 나는 항상 심장 부근이 아팠다. 첫 기일에 어느 절 옆에 있는 소각로에 가서 동생이 아끼던 옷과 항상 덮고 누워 있던 이불을 태워주었다. 앞으로는 호수가 있고 뒤로는 산이 있는 한적하고 좋은 곳이었다. 그러고 나니 몸의 긴장이 조금 풀어졌다. 마디가 하얗게 될 때까지 쥐고 있었던 손을 풀었을 때처럼 조금씩 피가 돌았다. 엄마는 여전히 하루의 대부분을 거실에 누워서 보낸다. 엄마와 내 애도는 속도도 방식도 너무 다르지만, 엄마에게도 엄마만 알 수 있는 작은 순간들이 찾아오기를 바라본다.

에
필
로
그

누군가 죽었습니다. 어쩌나, 저런. 고인과 가깝거나
먼 관계에 있던 사람들이 함께 슬퍼하며 남겨진 사람을
위로합니다.

누군가 스스로 목숨을 끊었습니다. 고인과 가깝거
나 먼 관계에 있던 사람들, 사별자와 가깝거나 먼 관계
에 있는 사람들 모두 궁금해합니다. 왜? 어쩌다가?

자살 사별자들은 주변 사람들의 질문을 피하느라,
죽음의 이유를 숨기거나 질문에 대한 답을 찾느라 제대
로 슬퍼하고 애도할 기회를 잃습니다. 예고 없이 갑작
스럽게 막을 내린 누군가의 삶 앞에서 사별자는 황당하
고 막막합니다. 고인은 그렇게 삶의 결말을 스스로 맺

었지만, 남겨진 사람들은 기대한 적도 준비한 적도 없이 강제로 내동댕이쳐진 현실에서 매순간이 혼란스럽습니다.

혹시 사별자가 놓친 충격 결말의 예고가 있었는지 고인의 삶의 마지막 시간으로 거슬러가봅니다. 하지만 뭐가 뭔지 잘 모르겠습니다. 모든 것이 죽음의 예고인 것 같기도 하고, 죽음을 예고한 것은 아무것도 없는 것 같기도 합니다. 그리움과 슬픔을 꽁꽁 얼려 언제 꺼낼지 모르는 냉동고에 숨겨놓습니다. 하지만 예기치 못한 순간에 불쑥불쑥 냉동고 문은 열리고, 그 슬픔이 굴러 떨어져 발등을 찍습니다. 아프지만 시간은 흘러가고, 어떻게 슬퍼해야 하는지 잘 모르겠습니다. 슬퍼해도 괜찮은 건지조차 잘 모르겠습니다. 죽음 근처를 서성였지만 차마 죽음을 정확하게 바라보지는 못합니다.

사별자와 주변 사람들은 허공에 던져놓은 '왜'에 걸려 떠다니느라 현실에 발을 딛지 못합니다. 사는 것도 살지 않는 것도 아닌 그냥 그런 상태가 되어버립니다. 주변 사람들은 사별자에게 따지고 보면 정확한 말들을 합니다. "정신 차려야지" "산 사람은 살아야지" "시간이 약이야." 다 맞는 말입니다. 살아 있는 한 정신을 놓지 않고 잘 살아야 하고, 시간이 흐르면 분명 나아지겠지요. 나쁜 뜻으로 한 이야기는 아니라며 그 말의 선한 의도를 찾아 스스로를 위로하다가도, 왜 나도 힘든데 상처 주는 말을 한 사람들의 의도까지 애써 헤아려야 하는지 억울하고 때론 화가 납니다. 상실은 찢어진 마음의 이야기이지 지적으로 무언가 잘못된 상태가 아닙니다. 깨지고 부서진 마음에 대한 지적인 조언과 위로는 아무 소용이 없습니다. 오히려 애도 여정을 떠나려 가방을 싸는 사람에게 무거운 돌덩이를 안겨주는 것과 같습니다. 너무 무거워 발걸음 하나 떼는 것이 힘듭니다. 이렇게 남은 시간을 보내야 한다고 생각하면 그저 막막하기만 합니다.

소중한 사람을 자살로 잃고 상담실에 찾아오는 분들의 첫 모습입니다. 물론 더 깊이 들어가 이야기를 나누다보면 사별자 한 사람 한 사람의 고통은 지극히 사적이고 고유합니다. 하지만 애도상담의 시작은 대략 비슷합니다. 제가 이 강연을 할 무렵 유명인의 자살이 있었고 모든 사람들이 그의 죽음에 대해 '왜' '어쩌다가'를 묻고 있는 상황이었습니다. 자살이라는 죽음을 두고 폭력적인 말들이 오가고 누군가를 지목해 원망하고 비난하고 있었습니다. 그러는 동안 저는 제가 만났던 자살 사별자들의 안부가 몹시 걱정되었습니다. 이미 충분히 외로운 시간을 보냈던 분들인데 이런 사회 분위기가 새삼 그들을 다시 사별 직후의 마음으로 돌려놓지 않을까 염려되었습니다. 그래서 말을 해야 한다고 생각했습니다. 매일 수십명이 스스로 생을 마감하고 사라지는 이곳에서, 그뒤에 남겨진 사람들이 어떤 시간들을 보내고 있는지 말입니다. 고통 속에 있는 사람들을 고통 속으로 더욱 밀어넣으면서 '위로'를 한다고 생각하는 사람들에게 당신이 하는 말과 행동은 위로가 아니라고 알려주고 싶었습니다.

자살 사별자에게 '왜' '어쩌다가'라고 되묻지 말아주세요. 그리고 함부로 한 사람의 인생에 대해 '그럴 만도 했다'라고 말하지 말아주세요. 정 위로를 건네고 싶다면 그저 '힘든 시간을 보내셨겠군요' 하고 이야기하는 것이 적당합니다. 그렇게 해달라고 부탁하고 싶습니다.

그리고 제가 만나지 못한 우리 곁의 자살 사별자들에게 전하고 싶습니다. 스스로 목숨을 끊었지만 고인의 삶에도 열렬히 살았던 순간이 분명 있었을 겁니다. 그 사람의 끝과 함께, 삶의 열렬했던 순간도 떠올릴 수 있길 바랍니다. 그리고 여러분의 삶 가운데에서 고인의 이름을 부르고 마음껏 그리워해도 괜찮다고 말씀드리고 싶습니다.

고선규 고려대학교에서 임상심리학으로 박사학위를 받았고, 서던캘리포니아대학에서 박사 후 과정을 마쳤다. 임상심리전문가, 심리부검전문가, 인지행동치료전문가로서 자살자 뒤에 남겨진 사람들이 편견과 낙인 없이 제대로 슬퍼할 수 있도록, 고인을 온전히 기억하고 이야기할 수 있도록 애쓰고 있다.

현재 임상심리전문가 그룹 마인드웍스 심리상담 대표로 자살 사별자 전문 애도상담, 정신건강전문가들을 위한 애도상담 교육을 진행하고 있으며 2030 여성 자살 사별 당사자와 함께 자조모임을 운영하고 있다. EBS「다큐프라임」, KBS「거리의 만찬」 등에 출연했으며 심리학 웹진 『내 삶의 심리학 마인드』의 필진으로 참여하고 있다.

내 마음 돌보기
우리는 모두 자살 사별자입니다

초판 1쇄 발행 / 2020년 11월 20일

지은이 / 고선규
펴낸이 / 강일우
책임편집 / 곽주현
조판 / 박지현
펴낸곳 / (주)창비
등록 / 1986년 8월 5일 제85호
주소 / 10881 경기도 파주시 회동길 184
전화 / 031-955-3333
팩시밀리 / 영업 031-955-3399 편집 031-955-3400
홈페이지 / www.changbi.com
전자우편 / nonfic@changbi.com

ⓒ고선규 2020
ISBN 978-89-364-7845-2 03180